北京市社会科学基金项目阶段性成果

| 光明社科文库 |

高校青年教师学术生存现状
困境与对策研究

于　颖◎著

光明日报出版社

图书在版编目（CIP）数据

高校青年教师学术生存现状、困境与对策研究 / 于
颖著 . -- 北京：光明日报出版社，2020.5（2022.4重印）
ISBN 978-7-5194-5740-2

Ⅰ.①高… Ⅱ.①于… Ⅲ.①高等学校—青年教师—
科学研究工作—中国 Ⅳ.①G645.12

中国版本图书馆 CIP 数据核字（2020）第 077043 号

高校青年教师学术生存现状、困境与对策研究
GAOXIAO QINGNIAN JIAOSHI XUESHU SHENGCUN XIANZHUANG、KUNJING YU DUICE YANJIU

著　　者：于　颖			
责任编辑：史　宁		责任校对：陈永娟	
封面设计：中联学林		责任印制：曹　净	

出版发行：光明日报出版社

地　　址：北京市西城区永安路 106 号，100050

电　　话：010-63139890（咨询），010-63131930（邮购）

传　　真：010-63131930

网　　址：http://book.gmw.cn

E - mail：gmrbcbs@gmw.cn

法律顾问：北京市兰台律师事务所龚柳方律师

印　　刷：三河市华东印刷有限公司

装　　订：三河市华东印刷有限公司

本书如有破损、缺页、装订错误，请与本社联系调换，电话：010-63131930

开　　本：170mm×240mm

字　　数：145 千字　　　　　　印　　张：13

版　　次：2020 年 5 月第 1 版　　印　　次：2022 年 4 月第 2 次印刷

书　　号：ISBN 978-7-5194-5740-2

定　　价：78.00 元

目　录
CONTENTS

第一章　导　论 ………………………………………… 1

第一节　选题缘起与研究意义 ……………………… 2

第二节　文献综述 …………………………………… 4

第三节　研究内涵、研究方法与理论基础 …………… 15

第二章　北京市 A 大学青年教师学术生存现状、困境与对策 … 21

第一节　A 大学青年教师学术生存现状与特点 ……… 21

第二节　A 大学青年教师学术生存困境与成因分析 ……… 34

第三节　A 大学应采取的相关对策与建议 …………… 41

第三章　北京市 B 大学青年教师学术生存现状、困境与对策 …… 48

第一节　B 大学青年教师学术生存的现状与特点 ……… 48

第二节　B 大学青年教师学术生存困境与成因分析 ……… 64

第三节　B 大学应采取的相关对策与建议 …………… 72

第四章　浙江省 C 大学青年教师学术生存现状、困境与对策 …… 78

第一节　C 大学青年教师学术生存现状与特点 ……… 78

第二节　C 大学青年教师学术生存困境与成因分析 ……… 93

第三节　C大学应采取的相关对策与建议 ················ 99

第五章　浙江省D学院青年教师学术生存现状、困境与对策 ······ 105
第一节　D学院青年教师学术生存现状与特点 ········· 105
第二节　D学院青年教师学术生存困境与影响因素 ······ 111
第三节　D学院应采取的相关对对策与建议 ·········· 118

第六章　台湾地区高校青年教师学术生存现状、困境与对策 ·· 124
第一节　台湾地区高校青年教师学术生存现状 ········ 125
第二节　台湾地区高校青年教师学术生存困境 ········ 130
第三节　采取的相关对策 ·················· 135

第七章　大学青年教师学术生存现状与特点之国际比较 ······ 140
第一节　美国与日本大学青年教师学术生存现状与特点 ····· 140
第二节　德国与荷兰大学青年教师学术生存现状与特点 ····· 155

第八章　结　论 ························· 181
第一节　高校青年教师学术发展的总体趋势与特点 ········ 182
第二节　北京地区高校青年教师学术生活的独特性 ········ 186
第三节　北京地区高校青年教师学术生存困境的相关对策与建议
················· 188

参考文献 ·························· 193

致　谢 ··························· 202

第一章

导　论

随着中国高等教育的不断发展，2017年高等教育毛入学率已经达到了42.7%，高等教育发展规模和结构步入了崭新的发展阶段，高等教育正朝向普及化的阶段迈进。青年教师，作为中国高校教师队伍中的主力军，在高校发展乃至高等教育发展的速度、水平和质量的提升过程中扮演着日益重要的角色。有学者认为，中国研究型大学的场域并非是一个平等探究真理的学术共同体，而是一个等级森严的科层场域。青年教师被有形或无形的力量隔离或散落在场域的边缘，他们在经济收入、教学、科研、管理等方面遭遇了一系列的"现实冲击"①。还有学者认为，高校青年教师这一群体，因其在学术链条中的低端位置而伴随的低收入和高强度的工作量，以及他们（尤其是人文学科）因知识追求而形成的高度敏感的个性，容易感受到在生存境地与社会期待之间的触目惊心的落差，由此感受到

---

① 张俊超. 大学场域的游离部落：大学青年教师发展现状及应对策略研究 [M].
北京：中国社会科学出版社. 2009：2.

无助甚至是屈辱感①。深切关注高校青年教师学术生存现状，深入分析他们所面临的困境与问题，进一步提出有效的对策与建议，这对于提升高校青年教师的职业满意度、提升高校教师这一职业的魅力指数，乃至提升高校和我国高等教育质量都有着重大的意义。

第一节　选题缘起与研究意义

青年教师约占全国高校教师总人数的62%，大多出生于20世纪70年代后期和80年代前期，他们寒窗苦读二十余载终于在高校谋得一席教职。然而，站在三尺讲台，当教学评估、科研经费、职称晋升、学术成果、结婚生子、赚钱养家、供房供车……这些现实生活的困境与学术困境交织在一起的时候，他们成了高校教师中压力最大的群体。《工蜂——中国高校青年教师调查报告》对5138位青年教师进行调查，结果显示，72.3%的受访者坦言"工作压力大"，其中有36.3%的青年教师认为"工作压力非常大"，甚至难以承受。科研、教学和经济压力成为青年教师难以逾越的"三座大山"。长此下去，这必将在一定程度上阻碍青年教师创造力的提升与在学术层面的可持续发展，从长远看来，可能不利于中国冲击诺贝尔奖的桂冠。

一、选题缘起

关于高校青年教师的研究，据研究者目力所及，目前国外文献

---

① 唐小兵．十字街头的知识人［M］．北京：中国人民大学出版社．2013：64.

中尚未发现对北京地区高校青年教师的研究。高校青年教师学术发展问题自20世纪90年代以来，尤其是进入21世纪以来，正逐步引起国内学者的注意，研究成果陆续涌现。但总体来看，无论从研究程度还是成果数量都还比较有限。关于这方面的相关著作仅有张俊超的《大学场域的游离部落：大学青年教师发展现状及应对策略》（2009）、张相林的博士论文《青年科技人才创新行为影响实证研究——以高效青年教师为例》（2009）、廉思编著的《工蜂：大学青年教师生存实录》（2012）等，此外，还有梁君思、陆畅及张宇宏等人的著作。而这几部著作或将目光锁定在青年教师创新行为的影响因素上，或对高校青年教师的学术发展泛泛而谈，研究有待深入。

此外，近几年，学术界对高校青年教师的关注还体现在硕士论文层面，例如，刘文胜（2006）、孙冬梅（2012）、吴玉剑（2014）等人的。这些研究抑或是限于硕士论文的篇幅，对问题的探讨有待于深入；抑或是对问题的探讨缺乏多角度、多层面。此外，现有的相关研究成果主要体现在一些期刊论文中。这些研究基本分为三类：第一类是对高校教师学术能力提升及可持续发展的理论研究，如阎光才、朱旭东、卢乃桂等学者的研究；第二类是对中国学术评价体系与高校青年教师学术的因素分析研究，如曾凡昭、乔雪峰、谷志远、陈明杰、葛丽珍、陈祥东等学者的研究；第三类是对高校教师学术的比较研究，主要是美国高校的研究，如林曾、耿益群等学者的研究。现有的研究成果中，理论研究比较单薄，实证研究的研究方法有待多样化，研究与分析有待深入。

二、研究意义

本研究与以往的研究相比，具有独到的学术价值与应用价值。

以往的相关研究，无论是专著、博士硕士论文，还是期刊论文，涉及了高校青年教师的多个方面，包括发展现状、工作压力、职业倦怠、专业发展与生涯发展、激励机制、职后教育及对策、师德、家庭生活质量及影响因素等，但是对于高校青年教师的学术现状及困境的关注还比较少；而且在以往的研究中，也鲜有提及。故而，对于该问题的深入研究，具有一定的学术价值和现实意义。

第二节 文献综述

高校青年教师学术发展问题自 20 世纪 90 年代以来，尤其是进入 21 世纪以来，正逐步引起国内学者的注意，研究成果陆续涌现。但总体来看，无论从研究程度还是成果数量都还比较有限。下面将对高校青年教师学术发展的相关研究成果进行综述与分析。

一、高校青年教师的成长、发展及培养

（一）高校青年教师的成长与发展研究

万正维，王浩（2013）分析了影响高校青年教师成长的因素，包括经济压力、心理压力、教学科研压力、专业水平提升压力和自我定位不当等，因此高校应积极探索新的薪酬激励机制、重视心理疏导、加强教学科研均衡发展、加强职前培训、引导形成正确的学术态度等，促进青年教师的成长①。郭丽君，吴庆华（2013）具体

---

① 万正维，王浩. 试论高校青年教师成长的影响因素及促进策略 [J]. 教育探索，2013（2）：97 - 98.

分析了地方高校青年教师发展需求，研究发现地方高校青年教师在教学发展和专业发展的各项内容上都有较高需求，组织发展中对良好的工作环境和组织氛围的需求较高，而个人发展的各项需求内容都相对较低。地方高校青年教师的发展需求主要受到青年教师个体经验和学校制度环境的影响和制约①。谷志远（2010）主要分析了影响学术职业者流动倾向的因素，以 26 国合作进行的学术职业变革国际调查的中国大陆调查数据为基础，结论显示人口统计学特征、教师的个性特征、工作满意度等对学术职业者职业流动倾向具有显著影响，所在学校声望、工作压力和教师收入等对学术职业者职业流动倾向的影响并不显著②。

硕士论文中，颜佳（2011）主要研究了促进地方高校青年教师专业化发展的学校支持体系，在实证研究部分，对广西高校为青年教师专业化发展所提供的支持情况进行调查，发现目前的支持体系不能够满足青年教师的需求，存在制度缺位和制度失效问题，对此应构建起包括青年教师"传帮带"制度、培训制度、听课制度、教学竞赛制度、绩效考核制度、发展性评价制度、激励制度、晋升制度和共同体学习制度在内的制度支持体系③。

（二）高校青年教师的培养研究

一些研究关注高校青年教师的科研能力培养，易帆（2013）认

---

① 郭丽君，吴庆华. 地方高校青年教师发展需求探析［J］. 现代大学教育，2013（5）：106 – 111.
② 谷志远. 我国学术职业流动影响因素的实证研究——基于"学术职业的变革 – 中国大陆"问卷调查［J］. 清华大学教育研究，2010（3）：73 – 79，89.
③ 颜佳. 制度视角：地方高校青年教师专业化发展的学校支持体系研究［D］. 桂林：广西师范大学，2011.

为，青年教师普遍缺乏经验、科研意识较弱、条件不足，科研梯队配置不合理，因此应提高青年教师的科研意识，加强科研配套建设，构建教师科研梯队，对青年教师进行传帮带，培养青年教师的学术责任感①。杭慧（2013）认为，高校青年教师科研能力不足主要归因于五点：缺乏长远科研意识、难以协调教研关系、学术责任感低、缺乏科研团队支撑和物质保障不足等，因此提高青年教师科研能力，应从这五方面针对性地改进②。

丁云华（2014）将青年教师培养与研究生教育结合起来思考，认为若把教学学术的理念贯彻到当前的研究生教育中，促进教学学术的行为，营造教学学术的氛围，从职前教育开始关注未来高校青年教师的培养，将更具前瞻性、操作性和可行性，影响更加深远③。吴庆华，郭丽君（2013）指出，高校青年教师的培养不能只是培训，而应向"发展"转变，这不仅是高校自主办学的需要，也是对学术职业特点的深入认识，更是一种教师管理思路和方式的转变。青年教师的发展包括五个维度：作为教师的教学发展、作为专业成员的职业发展、作为院校成员的组织文化适应、作为学术界成员的学术成长、作为独立个体的个人发展④。

① 易帆. 高校青年教师科研能力培养探索 [J]. 教育探索，2013 (4)：87 - 88.
② 杭慧. 高校青年教师科研能力培养问题研究 [J]. 中国成人教育，2013 (19)：111 - 112.
③ 丁云华. 教学学术视角下的研究生教育与未来高校青年教师的培养 [J]. 继续教育研究，2014 (1)：62 - 63.
④ 吴庆华，郭丽君. 从培训走向发展：高校青年教师培养的转变 [J]. 高等工程教育研究，2013 (4)：141 - 144.

二、高校青年教师的学术产出、学术发展困境及评价体系研究

（一）学术产出、学术活力及创新力的影响因素研究

谷志远（2011）围绕高校青年教师学术产出绩效问题，总结了高校青年教师学术产出的现状，并对影响学术产出绩效的因素如个性特征、机构因素等进行深入分析，研究发现：个性特征和环境因素对高校青年教师的学术产出绩效均有比较显著的影响，其中博士学位对青年教师学术产出成果的影响最大，工作年限、已有工作成就（职称）等对青年教师的学术产出影响也比较大，年龄和所在工作机构的声望等对青年教师学术产出的影响作用在研究中未得到印证[①]。

创新力方面，张蓓（2014）基于需求理论，分析了影响高校青年教师创新活力的关键因素，构建了由健康状况、生活环境、福利待遇、思想动态、情感满足、角色认同、职业发展和创新活力八个结构变量构成的高校青年教师创新活力模型，结果表明职业发展是最重要的影响因素，福利保障是第二重要的影响因素[②]。康晓伟（2012）通过访谈分析认为，包括资格配置机制、遴选聘用机制、考核评价机制和激励保障机制在内的大学人事制度是大学教师学术创新力的主要影响因素。另外，大学教师知识结构单一、青年教师物质待遇低以及高校行政化和学术功利化的不利环境是影响大学教师

---

① 谷志远. 高校青年教师学术产出绩效影响因素的实证研究——基于个性特征和机构因素的差异分析 [J]. 高教探索, 2011 (1)：129 - 136.

② 张蓓. 高校青年教师创新活力影响因素实证分析——基于广东 33 所高校的调查数据 [J]. 教育发展研究, 2014 (3)：14 - 21.

学术创新力的不利因素①。

阎光才（2014）主要分析了高校教师职业生涯不同阶段的学术活力特征，研究发现：影响学术活力的主要因素来自个体的信心及其超负荷的时间投入；在不同年龄段，高校教师学术活力存在两极分化的格局，越是进入职业的中后期，分化越突出②。如学术兴趣、能力潜质等学者个人的内在因素是决定其学术表现的重要因素，而过多外部刺激的作用则是存疑的。该结论在一定程度上证实了非升即走和终身教职的合理性，也为其他一些学术制度与政策方案的设计提供了参考③。

（二）学术发展的困境及对策研究

一些研究聚焦于高校青年教师学术发展中面临的困境。卢乃桂，李琳琳等（2011）探讨了高校教师聘任制改革的背景下，教师的学术工作在不同的机构、学科和职位之间出现了多重的分层与分割现象，而背后的原因在于政府、市场和学术精英三者对学术工作不同方面的牵制力量强弱不均④。曾凡昭，李素芹（2011）指出，除了教师自身因素外，现行的学术评价体系不健全是导致青年教师学术生存压力的最根本原因⑤。王艳艳（2015）分析了影响高校青年教

① 康晓伟. 大学教师学术创新力的内涵及其影响因素探究——丁钢教授访谈录 [J]. 现代大学教育，2012（2）：34 – 39，112.
② 阎光才，牛梦虎. 学术活力与高校教师职业生涯发展的阶段性特征 [J]. 高等教育研究，2014（10）：29 – 37.
③ 阎光才，丁奇竹. 学术系统内部分化结构生成机制探究——基于学术人职业生涯过程中产出稳定性的分析 [J]. 高等教育研究，2015（2）：13 – 21.
④ 卢乃桂，李琳琳，黎万红. 高校教师聘任制改革背景下学术工作的分层与分割 [J]. 高等教育研究，2011（7）：56 – 62.
⑤ 曾凡昭，李素芹. 我国的学术评价体系与高校青年教师的学术生存 [J]. 三峡论坛（三峡文学. 理论版），2011（1）：97 – 101，149.

师学术发展的因素，如教学任务重、科研积极性较低，生活中扮演双重角色，科研中身处边缘化地位，自我发展定位不准确等，提出从青年教师自身观念、改变教师评价方式、加强制度管理等方面解决问题①。

一些研究关注的是地方高校的青年教师。陈祥东（2013）总结了地方高校青年教师的学术职业发展的三大困境：学术场域的低层次性与封闭性、学术职业阶梯艰难漫长与学术职业流动阻碍重重。对此政府应加快学术劳动力市场建设并改革科研体制，地方高校应改革科研考核和学术评价制度，青年教师自身要完善学术职业生涯规划并积累一定的社会资本②。陈先哲（2014）认为，国家在高等教育资源配置方式上仍延续以往的重点扶持战略，并体现出强烈的科研导向，而数量巨大的以教学为主的地方大学则不断地"被平庸"和边缘化，作为地方大学的青年教师，教学占据了大量的时间和精力，同时受限于较弱的学术水平及所处学术圈的边缘位置，他们要维系这种身份认知需要付出更多的努力甚至采取非常规手段，采取游击式和投机式的学术生存策略③。

一些研究具体分析了高校青年教师在科研和教学等制度夹缝中求生存的现状。乔雪峰（2013）指出，科研、教学和经济压力成为青年教师难以逾越的"三座大山"。科研方面，"非升即走"等规则

---

① 王艳艳. 高校青年教师学术发展的影响因素及对策 [J]. 继续教育研究，2015（9）：69–70.

② 陈祥东. 地方高校青年教师学术职业发展困境及其超越 [J]. 长沙理工大学学报（社会科学版），2013（3）：131–134.

③ 陈先哲. "第三世界"的学术生存策略：地方大学青年教师的个案研究 [J]. 教育学术月刊，2014（11）：86–92.

使青年教师在中短期承担着较大工作量，且由于资历浅，青年教师长期处于学术金字塔底层，加剧了科研压力。教学方面，青年教师也多处于弱势一方，承担着比资深经验教师更多的基础教学任务。经济上青年教师工资和职称相对较低，申请课题经费难度大，生活开销大，收支不均衡成为困扰青年教师的重大问题①。张焱（2013）指出，教学是青年教师生存之道，科研是发展之道，面对种种困境，要努力开发青年教师自身潜力、增长自身能力、发挥自身价值，正确认识和处理好青年教师成长进程中的关键性问题，要以用为本，实现青年教师教学与科研的殊途同归②。钟海燕，刘举（2014）强调必须改革学术评价体系，为科研松绑，为青年学者创造宽松自由的发展环境。高校需坚持学术独立，一方面与青年教师形成平等和谐的合作关系，形成多元化、长效化评价体系；另一方面加快教学与科研的均衡发展③。钱军平（2013）指出，在现行高校内部管理制度面前，处于教学两难、进退失据的尴尬境地。欲求突围，既须制度设计之合理性，又须政策执行之人性化④。

硕士论文中，刘文胜（2006）采用质的研究方法，选取了上海市三位高校青年教师作为研究对象，前后进行了八次观察和访谈，全面深入描绘并分析研究对象在学术生活中的具体言行举止及其背

---

①　乔雪峰. 夹缝生存：高校青年教师学术困境与出路 [J]. 现代教育管理，2013（10）：92 - 96.

②　张焱. 教学与科研：高校青年教师何去何从 [J]. 江苏高教，2013（3）：95 - 97.

③　钟海燕，刘举. 在科研与教学之间：试论高校青年教师的学术困境 [J]. 当代教育科学，2014（15）：28 - 31.

④　钱军平. 制度夹缝中高校青年教师自我发展规划与突围 [J]. 现代教育管理，2013（10）：84 - 91.

后蕴涵的含义①。李宜江（2013）将新中国成立以来大学青年教师划分为三代人，采用教育叙事、口述史等研究方法，从教育、生活、学术等多种维度考察新中国成立以来三代大学青年教师在不同历史时期学术与生活的境遇②。

（三）学术评价及高校教师职称评聘制度研究

在高校教师评聘制度研究方面，牛风蕊（2012）从历史制度主义的视角分析了我国高校教师职称制度的变迁，指出结构变迁方向深受社会政治、经济、文化等宏观制度的影响，并与教育场域内各利益主体的博弈结果密切相关；同时产生了制度锁定的路径依赖，延滞了制度的发展。只有打破行动集团的博弈均衡，才能实现高校教师职称制度的转变和创新③。

许多研究都指出目前高校教师职称评聘制度存在一定问题，如汪建华（2013）认为，制度中存在重专业、轻师德，重科研、轻教学等"五重五轻"的问题，必须从制度和实践两个层面进行纠正或调整④。程未（2013）认为，存在的问题有管理体制混乱、岗位设置不合理、评定标准异化、评审过程失范等，只有强化分类评聘机制，才能有效推动高校教师评价科学化⑤。陈宾宾（2014）关注了评聘制度对高校青年教师的影响，目前评聘不清的职称制度存在退出机

---

① 刘文胜. 高校青年教师学术生活研究［D］. 上海：华东师范大学，2006.

② 李宜江. 青年教师学术与生活的历史境遇［D］. 上海：华东师范大学，2013.

③ 牛风蕊. 我国高校教师职称制度的结构与历史变迁——基于历史制度主义的分析［J］. 中国高教研究，2012，（10）：71-75.

④ 汪建华. 高校教师职称评聘现状分析与对策探究［J］. 教师教育研究，2013，（5）：18-22.

⑤ 程未. 强化分类评聘机制 推动高校教师评价科学化［J］. 中国高等教育，2013（8）：58-60.

制不合理、评价过程不公正、评价指标不合理等问题，大多数年轻人即使做出足够优异的成绩，也无法达到相应的收入水平，加重了青年教师的现实压力，反过来影响到工作状态及教学科研产出，使部分人陷入恶性循环而最终放弃教师行业。因此必须进行有针对性地改革，为青年教师提供良好的发展平台①。赵庆昕，刘中平（2011）在完善评聘制度方面提出了多项建议，比如，科学处理科研与教学的关系，对不同岗位特点和职业属性进行科学区分、实行分类评审，科学调整和完善破格制度、保证优秀青年人才脱颖而出。探索多元化的岗位聘任模式，工作常态化并健全聘后管理工作等②。

　　硕士论文中，赵志鲲（2004）综合运用教育管理理论和实地研究等方法，以个案研究的方式，考察了高校教师职称评聘工作的情况，并进行反思与建构③。杜海林（2007）、徐美华（2008）围绕我国高校教师职称评聘制度的历史沿革进行分析，杜海林（2007）系统地梳理了中国古代职称的发展历史及近现代我国高校教师职称评聘工作的发展变迁，并对我国教师职称发展不同历史阶段的内容特点进行了分析比较④。徐美华（2008）则梳理了1949年以来我国高校教师职称评聘制度的不同阶段及特点，并借助教师评价和新制度

---

① 陈宾宾．高校职称评聘制度对青年教师的影响 ［J］．中国职工教育，2014（18）：142－143，158．
② 赵庆昕，刘中平．高校教师专业技术职务评聘的路径选择 ［J］．社会科学战线，2011（10）：273－274．
③ 赵志鲲．高校教师职称评聘工作的管理特点与变革策略——基于 A 大学的个案研究 ［D］．南京：南京师范大学，2004．
④ 杜海林．我国高校教师职称评聘制度的历史沿革与对策研究 ［D］．厦门：厦门大学，2007．

经济学的相关理论进行分析①。

三、比较研究

比较研究方面，耿益群（2008）做了关于美国研究型大学学术职业的研究，从萌芽与初期发展、学术职业的形成和确立、学术职业的巩固与繁荣、学术职业的困境与新发展等几个方面，对其历史沿革进行梳理分析，总结了美国研究型大学学术职业的特点，即职业权利是在学术职业化进程中逐步获得的，各学科的形成与发展、院系的建立与完善是美国研究型大学学术职业形成和确立的基础，美国大学教授协会具有重要的促进作用②。耿益群（2010）进一步分析了美国研究型大学在营造良性教师学术生态方面的做法，包括以严格的聘任与晋升机制为基础、以跨学科研究中心为制度创新和以教学与科研并重为导向，既体现充分的学术自由，也具有浓郁的竞争氛围③。

林曾（2009）使用来自美国大学教授的调查数据，应用人生过程理论为框架，探索了美国理科教授的年龄与其科研能力之间的动态关系。研究发现年龄对科研能力有明显的正面影响，并且科研能力的巅峰不只是出现在一个年龄段而是多个年龄段④。林曾（2013）还将中美大学教授的社会流动情况进行比较，以职称、收入和发表

---

① 徐美华. 我国高校教师职称评聘制度沿革分析［D］. 苏州：苏州大学，2008.
② 耿益群. 美国研究型大学学术职业的历史沿革及特点分析［J］. 比较教育研究，2008（5）：46－51.
③ 耿益群. 美国研究型大学如何营造良性教师学术生态［J］. 中国高等教育，2010（1）：61－62.
④ 林曾. 年龄与科研能力：来自美国四年制大学理科教授的调查报告［J］. 科学学研究，2009（8）：1154－1164.

文章的数量作为社会流动的指标，把家庭背景、人口统计特征以及个人成就作为影响学术职业流动的三大动因，得出结论：学术职业是突破社会流动中家庭背景局限性的一条通道。中美两国是两个在发展程度上有巨大差距的国家，但教授社会流动的类型却十分相似①。

其他学者的研究如王变玲，王秀梅（2008）在介绍中美两国高校师资状况的基础上，比较了两国在教师评聘程序和人才测评标准，阐述了中国应借鉴美国大学教师评聘的一些科学的评聘标准，这样有利于完善中国高校教师评聘制，有利于中国高校建设一支高素质的教师队伍②。王颖（2011）简要介绍了国外实施教师聘任制的三种方式，借鉴国外高校教师评聘机制的做法，严格教师准入制度，加强对师范生的培养教育，建立科学公正的师德评价机制，对建设高校师资队伍大有裨益③。熊华军，刘兴华（2015）介绍了美国高校青年教师教学能力的发展内容、发展方式和发展保障，强调群体发展与个体发展、导师指导与同行切磋、外部促进与内部提升、面授发展与在线发展、入职教育与职后培训相结合等，通过解读美国高校发展机制，对我国有一定启示④。

① 林曾. 从寒门走进象牙塔：中美大学教授社会流动之比较研究 ［J］. 中国高教研究, 2013（9）：52-60.
② 王变玲，王秀梅. 中美高校教师评聘比较 ［J］. 时代经贸（下旬刊），2008（6）：74-75.
③ 王颖. 国外高校教师评聘机制的评析 ［J］. 西南农业大学学报（社会科学版），2011（2）：139-140.
④ 熊华军，刘兴华. 美国高校青年教师教学能力发展机制及其启示 ［J］. 比较教育研究，2015（1）：62-67.

第三节　研究内涵、研究方法与理论基础

本部分着重介绍本研究的研究内涵、所采用的研究方法以及研究的理论基础。

一、本研究的研究内涵

（一）本研究的主要内容

本研究的研究对象为北京地区高校青年教师，高校青年教师，主要是指 45 岁以下的高校教师；本研究的高校，主要是选取位于北京市的 2 所大学（1 所"211"的理工科院校、1 所市属文科院校）、位于浙江省杭州市的 1 所"211"的理工科院校、位于浙江省杭州市的 1 所高职院校。所谓高校青年教师学术现状，主要包括青年教师教学状况、科研状况以及如何平衡教学与科研，本课题力求呈现我国高校青年教师的学术研究实况；所谓学术困境，主要是针对目前高校青年教师的学术研究实况分析并总结出若干困境，并针对困境深入分析其背后的影响因素；最后结合所面临的困境，探讨相关的对策。

（二）本研究的研究思路

本研究的研究思路如下：

1. 对北京地区高校青年教师学术现状的调查与研究（主体研究部分）。该部分主要是对中国高校青年教师学术现状加以呈现，通过

对 4 所院校（2 所理工科类院校、1 所文科类院校、1 所高职院校）的青年教师进行问卷发放与回收，对部分青年教师进行访谈。通过对问卷的回收与整理以及对访谈的整理，力求对高校青年教师的学术实况加以呈现。

2. 对北京地区高校青年教师学术困境的分析（主体研究部分）。该部分对高校青年教师的学术困境及其背后的深层影响因素加以探讨与分析。主要是针对高校青年教师教学困境、科研困境以及如何平衡教学与科研的困境等进行探讨与分析，以及透过呈现出来的各种困境的表象挖掘其背后的深层影响因素。

3. 对高校青年教师学术困境与对策的比较与分析（比较研究与反思）。该部分对高校青年教师的学术困境与对策进行国际比较与分析，主要通过与美国、日本、德国、荷兰以及台湾地区的高校青年教师的情况加以比较与分析，探讨与把握国际趋势与动态，有所借鉴和参考。

4. 北京地区高校青年教师学术发展的对策研究（对策研究）。该部分结合理论研究、实证调研状况、国际比较与分析等若干部分，最终得出适合北京地区高校青年教师学术发展的合理的、切实可行的对策。

本研究报告撰写框架如下：

北京地区高校青年教师学术现状、困境与对策研究

第一章　导论

第二章　北京市 A 大学青年教师学术生存现状、困境与对策

第三章　北京市 B 大学青年教师学术生存现状、困境与对策

第四章　浙江省 C 大学青年教师学术生存现状、困境与对策

第五章　浙江省 D 学院青年教师学术生存现状、困境与对策

第六章　台湾地区高校青年教师学术生存现状、困境与对策

第七章　大学青年教师学术生存现状与特点之国际比较

第八章　结论

（三）本研究的基本观点

1. 力求真实呈现中国北京地区高校青年教师学术状况，学术实况；

2. 通过问卷调查与相关访谈，准确掌握北京地区高校青年教师的学术困境的表现，以及深入探寻与挖掘表象背后的深层因素；

3. 在比较研究部分，通过与杭州某高校，与美、日、德、荷兰等国以及台湾地区高校青年教师的发展情况之对比，从而加深对高校青年教师学术状况和困境的认识与反思，适当学习与借鉴，探索与总结适合的建议与对策。

二、本研究的研究方法

本研究主要是对北京地区高校青年教师学术现状、困境与对策的研究，因此，我们不仅有赖于一些常规性的定性的方法，也需要定量的和实证性的方法。具体而言，采用的主要方法如下：

第一，文献法。本研究试图在对现有文献进行回顾、整理和分析的基础上，进一步深化对高校青年教师学术现状、困境与对策这一问题的认识。

第二，问卷法。经过前期论证与准备工作，本研究将聘请相关专家结合课题需要制作严谨的调查问卷，进行问卷的发放、回收，对符合规定的一定数量的有效问卷进行数据统计工作，以期对高校

青年教师学术现状有一个准确的把握。

第三，访谈法。本研究将采取半结构性访谈的形式，对教育领域的有关专家学者、相关高校的校领导以及个案高校一定数量的青年教师进行访谈，从理论和实践角度收集他们对高校青年教师学术现状及困境的观点、态度和看法，以弥补文献资料的某些欠缺，提供更为充足的论证基础。

第四，比较法。本研究选取美国、日本、德国、荷兰等国家以及中国台湾地区的高校青年教师为案例，对各国及地区的高校青年教师的学术现状、困境及对策进行比较；寻找其中的共同规律与特征。

三、本研究的理论基础

职业是个体谋生及自我实现最主要的手段，追求职业的成功是每个人的梦想。随着时代的进步，个体职业目标与组织目标的矛盾日渐突出，为了应对这种社会问题，职业生涯发展理论应运而生。本研究将职业生涯发展理论作为重要的理论基础。它是说每个人在职业生涯规划的不同发展时期，特点不同，相对应的任务不同。职业生涯发展理论的提出始于 20 世纪 60 年代，经过近 50 多年的发展，职业生涯发展的含义、内容及研究方法等方面都发生了很大的变化，该理论的核心内容是将个体作为一个"复杂人"来看待，对其的管理更加科学化、人性化，从动态的角度研究个体的职业行为，对于促进个体职业生涯发展的进步、组织目标的实现效果也更加显著。随着实践的发展，职业生涯发展理论日渐成熟，到 20 世纪 90 年代中期，职业生涯发展理论开始传入中国，逐渐受到了我国学术界的广泛关注，对于我国高校青年教师发展的相关研究具有重要借鉴意义。

生涯发展大师萨柏在 1953 年，将人生职业生涯发展划分为成长、探索、建立、维持和衰退共五个阶段，直观地展示了在生涯发展的不同阶段个体所扮演的不同角色，相对应地分析了在不同年龄阶段不同职业生涯发展阶段的个体特征、技能水平和职业选择等方面的影响，使我们可以从生命全过程的角度了解个体在职业生涯中经历的不同阶段和任务。但是萨柏的这一理论描述的是静态的，忽视了个体因素在职业生涯发展过程中遇到的偶然、突发因素，因此这一理论也存在一定的缺陷①。

美国学者约翰·孔洛斯（John Komlos）在书中指出，大学教师并不是一个高收入的职业，大学教师的薪酬在过去的 25 年里没有太大的变化，基本与总体的经济发展趋势保持一致。可是，在那些创造财富的行业里，收入却如火箭一般往上冲。即使获得了终身教职以及晋升为正教授，两者加起来，你整个职业生涯的工资涨幅也不会超过 50%；大学教师也没有股份分红的机会……大学教职也不是一个快速增长的行业。教授职位数量增长缓慢（每年不到 2%），1997 年政治学博士的就业率为 7%……与此相对的，令人心烦的趋势是，兼职教师职位数量却不断大幅增长：以历史系为例，1996—1998 年，兼职教师的数量增长了 15%，占教师总人数的 12%；同时，全职教授的人数下降了 7%。美国申请全职教

---

① Super, D. E. A life – span, life – space approach to career development ［A］. In D. Brown& L. Brooks（Eds）Career choice and development：App Iying contemporary theories to practice（2nd ed.）［C］, San Francisco：Jossey ~ Bass. 1990：216.

职的候选人面临着激烈的竞争，许多大学为了缩减开支，将会更多地聘用兼职教授。这种竞争不只是"激烈"，而是"残酷"①。

就目前国内对职业生涯规划的研究来说，职业生涯规划一般分为职业准备期（20 岁以前）、生涯初期（20—30 岁）、生涯中期（30—50 岁）和生涯后期（50 岁以上）四个阶段②。根据本文对青年教师年龄的界定，青年教师目前主要处在职业生涯发展的初期和中期这两个阶段。在这一时期，对于青年教师本身而言，是自己事业的起步和发展阶段。与一般的职业生涯相比，高校青年教师职业生涯发展处于未定型期，具有不稳定性和可塑性等特征，他们的成长与发展是一个不断成熟的过程，处于职业生涯发展的探索期。由于每个青年教师的基本素质、成长环境，秉性和个性都有很大的差异，关注高校青年教师这一阶段的学术状况与问题，及时并且有针对性地提出对策，进而帮助青年教师们平稳度过"学术困境"，迎来自己事业的高峰，是十分必要的。

---

① ［美］哥德史密斯，等．芝加哥学术生涯规划：从研究生到终身教授［M］．吴波，等译．北京：高等教育出版社，2012：5.
② 孟万金．职业规划——自我实现的教育生涯［M］．上海：华东师大出版社，2004：22.

第二章

北京市 A 大学青年教师学术生存现状、困境与对策

青年教师是高校师资队伍的中坚力量，关系到高等教育的质量和高校教育事业未来的持续发展。相比其他年龄阶段的高校教师，处于职业生涯发展初期的青年教师在学术科研、教学经验等方面都面临着多重挑战，因此应充分关注高校青年教师的发展，通过开展相关培训等措施来提高青年教师的科研能力、教学能力，从而提高高校青年教师的师资力量。本章将以北京市 A 大学为例，通过开展问卷调查来对学校中各学院青年教师进行调研，以此来了解该校青年教师的学术发展现状，以期有针对性地提出改进建议。

第一节　A 大学青年教师学术生存现状与特点

随着中国高等教育大众化趋势的发展，以及高校办学规模的扩大，高校教师数量尤其是青年教师的数量也在大幅度增加。青年教师作为高等教育的中坚力量，有其独特的发展现状和发展特点。研

究者基于问卷调查的数据，对北京市 A 大学青年教师的学术生存现状与特点进行分析，以期发现该校青年教师学术发展方面存在的问题以及更好地改进现实状况。

一、高校青年教师的现状与特点

高校青年教师承担着高校教育的教学与科研的重要责任，是高等教育的主体。高校因扩招导致师资紧缺，一录用青年教师便很快将其放到教学和科研一线，承担着课程教学和科学研究的重任。因此需对青年教师的现状和能力素质特点进行研究，发现问题，尽早解决问题，更好地促进教学和科研工作的开展。

（一）高校青年教师现状

北京市 A 大学是中华人民共和国教育部直属的一所以化工为特色的多科性全国重点大学，是国家"211 工程""985 优势学科创新平台"重点建设院校之一，入选"卓越计划""111 计划"，是北京高科大学联盟的重要成员。学校创办于 1958 年，是新中国为"培养尖端科学技术所需求的高级化工人才"而创建的一所高水平大学。1960 年被中共中央列入首批全国重点建设大学行列；1994 年更名为现名。A 大学由 3 个校区组成，总体占地面积约 71 万平方米，建筑面积约 63 万平方米；截至 2015 年 9 月，学校共设有 12 个学院，全日制本科生14770 人，全日制研究生 6040 人（其中博士 766 人），高职生 393人，函授、夜大等继续教育学生 6195 人，学历留学生 225 人。

北京 A 大学现有教师 835 人，其中院士 5 人，正高级教师 165人，副高级教师 237 人。在众多教师中，云集了优秀中青年骨干教师，其中有 2 名青年学者、19 人获得"国家杰出青年基金奖"、4 人

获得"优秀青年科学基金"、1 人获得"中国青年女科学家奖"、7
人获得"中国青年科技奖"、1 人获得国家"优秀青年科学基金获得
奖"、4 人获得教育部"高校青年教师奖"。青年教师已经成为 A 大
学雄厚师资力量的重要组成部分。

A 大学共有青年教师（45 岁以下）647 人，其中女青年教师 240
人，占青年教师总人数的 37%；男青年教师共有 407 人，占青年教
师总人数的 63%。具体数据如下。

表 2 - 1 北京 A 大学青年教师基本情况

（单位：人）

类型	组成结构	人数	总数	百分比
性别	男	407	647	63%
	女	240		37%
学历	博士	499	647	77%
	硕士	118		18%
	本科	30		5%
职称	正高	87	647	13%
	副高	267		41%
	中级	277		43%
	初级	16		3%

由上表可知，A 大学教师总人数 835 人，其中青年教师 647 人，
占教师总人数的 77%，说明 A 大学师资呈年轻化态势，青年教师成
为该校师资的中坚力量。由表可知，在青年教师性别结构上，男青
年教师人数远大于女青年教师人数；在学历层次结构上，青年教师
中拥有博士学历人数为 499 人，占总人数的 77%，拥有硕士学历的

人数为 118 人，占总人数的 18%，拥有本科学历的人数为 30 人，占总人数的 5%，说明该校青年教师拥有高学历层次的人数比重较大；在职称结构上，该校青年教师中，拥有正高级职称人数为 87 人，占青年教师总人数的 13%，拥有副高职称人数的 267 人，占青年教师总人数的 41%，拥有中级职称的人数为 277 人，占青年教师总人数的 43%，拥有初级职称的人数为 16，占青年教师总人数的 3%。

（二）高校青年教师的特点

1. 高校青年教师的自身特点

第一，学历层次高，创新性强。按照本文关于青年教师的定义可知，高校青年教师出生于 20 世纪 70 年代至 80 年代，是在我国改革开放前后期的重大社会变革中成长起来的。一方面，这一阶段，正是我国研究生教育制度逐渐确立和规范起来的阶段，1980 年，国家颁布了《中华人民共和国学位条例》，从各方面规范和指导了我国的研究生教育。当代青年教师接受高等教育的时间恰为我国高等教育，尤其是研究生教育规模逐渐扩大化的时间，绝大多数教师都拥有硕士学位或博士学位。另一方面，随着高等教育的发展，高层次学历越来越成为高校教师的准入性门槛，每年也都有大批的研究生工作者走上高校教师岗位。以 A 大学青年教师为例，由所获数据可知，该校计有 18% 青年教师拥有硕士学位，77% 青年教师拥有博士学位。因此，从学历层次上来说，当代青年教师的学历水平较高。

第二，事业刚起步，积极性高。高校青年教师大多毕业不久或工作年限不长，刚踏入工作岗位，对生活和工作都充满激情。另外，高校青年教师正处于人生的朝阳时期，拼搏精神和身体状况都处于最佳时期，在工作中他们带有满腔热血，积极进取、寻求进步，乐于投身于教学和科研中。

第三，思想较为活跃，可塑性强。受巨大社会变革的影响，高校青年教师在思想上较为开放和活跃，乐于接受新事物，敢于创新，兴趣广泛，富有开拓精神，政治立场坚定，思辨意识强。受21世纪信息技术革命的影响，高校青年教师能够快速学习现代信息技术，并将其积极结合到教学与科研中，是高校教师中最活跃和最具有发展潜力的群体；再者，由于具有扎实的理论基础、积极的价值取向和灵活的思维方式，高校青年教师能够快速应对复杂多变的环境，可塑性较强。

2. 高校青年教师的业务特点

第一，工作年限不长，教学经验不足。高校年轻教师承担着高校教学的重要责任，尽管青年教师具有较高的学历，但由于教学年限短，没有接受系统的教学训练，青年教师在教学方法和教学技能上还有待提高。根据调查结果显示，24.4%的教师的工作年限在3年及以下，而工作年限在6年及以下的青年教师占比为46%。

第二，承担着教学和科研的双重任务。高校的性质和功能，决定了高校教师在从事教学工作的同时，还需从事科研工作。对教师而言，需以教学为基础，以科研促发展。教学与科研相互促进，教师只有不断提升自身的教学能力、提高教学质量，才能为进一步进行科学研究提供条件；反之不断进行科学研究有利于将科研成果运用于教学中，促进教学水平的提升。对于青年教师而言，一方面，要通过教学工作不断提升教学能力和提高教学质量；另一方面，要以科研来提升学术水平和促进自身职业发展。

二、高校青年教师的学术状况

据国家统计年鉴显示，2014 年科学研究和开发机构数（包括中央属科学研究与开发机构数、地方属科学研究与开发机构数）为3677 个，而高等学校研究与试验发展机构数为 10632 个①。可见，高校是我国科学研究的重要场所，聚集着大量的科研人才，而高校青年教师作为重要的后生力量，是未来我国科研能力持续增强、拥有强大后劲的保障。调查从科研课题的数量、课题级别、工作中面临的主要问题和职位晋升等方面来了解 A 高校青年教师的学术生存现状，具体调查结果如下。

（一）学术科研基本情况

表 2-2　近 3 年学术科研基本情况

	类型	选项	比重
近 3 年参与的课题数量	科研课题数量	0	17.3%
		1—2	42.3%
		3—4	34.3%
		5 个及以上	6.2%
	教改类课题数量	0	73.1%
		1—2	21.4%
		3—4	4.3%
		5 个及以上	1.3%

① 国家统计年鉴［EB/OL］中华人民共和国国家统计局，2016 - 07 - 05.

26

续表

类型		选项	比重
近3年参加的研讨会数量	学术研讨会	0	7.1%
		1—3次	46.4%
		4—6次	34.7%
		≥7次	11.8%
	教学类研讨会	0	33.6%
		1—3次	54.1%
		4—6次	8.7%
		≥7次	3.5%
近3年公开发表的论文	学术论文	0	14.9%
		1—2篇	29.4%
		3—4篇	22.9%
		5篇及以上	32.8%
	教改论文	没有	81.4%
		1—2篇	11.8%
		3—4篇	5.5%
		5篇及以上	1.4%

由表可知，在近3年参与的课题数量上，科研课题数量方面，从未参与过科研课题的青年教师占比17.3%，参加过1—2个科研课题的青年教师占比最高，为42.3%，参加过3—4个科研课题的占比34.3%，参加过5个及以上的占比为6.2%。教改类课题数量方面，从未参加过教改课题的占比73.1%，参加过1—2个教改课题的占比21.4%，参加过3个以上的仅占5.6%。

在近3年参加的研讨会数量上，参加学术研讨会方面，从未参加过任何学术研讨会的青年教师占比 7.1%，参加过 1—3 次学术研讨会的青年教师占比 46.4%，参加过 4—6 次学术研讨会的占比 34.7%，参加过 7 次及以上的占比则为 11.8%；在参加教学类研讨会方面，从未参加过教学类研讨会的占比 33.6%，参加过 1—3 次教学类研讨会的占比 54.1%，参加过 4 次以上的占比 12.2%。

在近 3 年公开发表的论文上，学术论文方面各区间比例相对均衡，从未发表过学术论文的青年教师占比 14.9%，发表过 1—2 篇学术论文的青年教师占比 29.4%，发表过 3—4 篇学术论文的青年教师占比 22.9%，发表过 5 篇及以上学术论文的青年教师占比 32.8%。教改论文方面，从未发表过教改论文的青年教师占比 81.4%，发表过 1—2 篇教改论文的青年教师占比 11.8%，发表过 3—4 篇教改论文的占比 5.5%，发表过 5 篇及以上教改论文的青年教师占比 1.4%。

表 2-3　科研课题级别

	选项	比重
科研课题级别	国家级	38.2%
	省部级	30.7%
	市厅级	14.6%
	校级	41.3%
	横向课题	35.1%

在科研课题级别上，参加过课题级别占比由高到低分别为校级课题、国家级课题、横向课题、省部级课题、市厅级课题，比重分别为 41.3%、38.2%、35.1%、30.7%、14.6%。这说明高校青年教师的课题级别仍以校级为主，国家级和横向课题次之。

（二）学术科研与职位晋升

高校教师的绩效考核和职位晋升不仅受教学水平和教学成果的影响，而且还受到学术水平和科研成果的影响。为了解 A 大学青年教师的学术科研与职位晋升、职称评定等之间的关系，笔者进行了相关调查，数据如下：

表 2 - 4　学术科研与职位晋升调查表

	选项	比重
对职称晋升满意度	非常满意	2.5%
	满意	25.5%
	一般	52.5%
	不满意	14%
	非常不满意	5.4%
职称评定中存在重科研、轻教学现象	完全符合	50.9%
	基本符合	30.7%
	不太符合	13.6%
	完全不符合	4.7%

由表可知，仅有 2.5% 的青年教师对职称晋升感到非常满意，25.5% 的青年教师对职称晋升感到满意，52.5% 的青年教师对职称晋升满意度一般，14% 的青年教师对职称晋升感到不满意。而在职称评定的调查中，50.9% 的青年教师对"职称评定中存在重科研、轻教学现象"的调查持"完全符合"态度，30.7% 的青年教师持"基本符合"态度，说明该校在进行职称评定时，较为看重教师的科研水平和科研成果。

综上所述，整体来看，无论是科研课题、学术研讨，还是学术论文的发表情况，A 大学青年教师的参与程度均较高，至少达到 82% 以上。具体到各项目，比重最高的选项依次为 1—2 次科研课题、1—3 次学术研讨会和 5 篇以上学术论文。而限定以教改为主题的学术活动时，青年教师的参与比例则整体较低，尤其具体到教改类课题和论文方面，至少四分之三的青年教师都表示未曾参与过此类活动，但教学类研讨会的参与情况较好，超过一半的青年教师参与过 1—3 次此类研讨会。这也侧面反映出青年教师在教改活动形式上的侧重。

三、高校青年教师的教学状况

教学和科研是每个高校教师都必须面对的主题，二者相互影响所产生的双重压力对于青年教师而言更为沉重。因此，我们在关注高校青年教师学术发展的同时，也需要了解与之关系密切的教学状况。对 A 大学青年教师教学状况的调查分别从教学基本情况、教学能力素质提升等方面展开。其中，教学基本情况包括所承担的教学任务、承担的课程数量、周平均课时、教学工作量占比、教学与科研的偏好程度、教学效果自评等方面，具体调查结果如下。

（一）教学基本情况

表 2−5　青年教师教学基本情况

	选项	比重
教学任务	本科生课程	59.6%
	研究生课程	3.4%
	本科生和研究生课程	33.9%
	未承担教学任务	3.1%

续表

	选项	比重
承担的课程数量	1 门	21.3%
	2 门	36.8%
	3 门	29.5%
	4 门及以上	12.4%
周平均课时	≤4 课时	20.8%
	5—8 课时	47.4%
	9—12 课时	25.6%
	≥13 课时	6.1%
教学工作量占工作量的比重	25% 及以下	21.7%
	26%—50%	38.2%
	51%—75%	25.2%
	76% 及以上	15%
教学与科研的偏好程度	偏好教学	22.4%
	偏好科研	17.1%
	教学与科研并重	55.9%
	无明显偏好	4.7%
教学效果自评	非常满意	16.6%
	比较满意	68.8%
	满意	14.3%
	不满意	0.3%

高校是本科生教育与研究生教育的重要场所,为最大化利用高校人力资本,高校教师往往在承担本科生教学的同时,还承担着研究生教学的任务,青年教师也不例外。

由上表可知,在承担教学任务方面,有 59.6% 的青年教师仅承担本科生课程，3.4%的青年教师仅承担研究生课程，33.9%的青年教师同时承担本科生和研究生课程，3.1%的青年教师未承担教学任务。这说明 A 大学几乎所有的青年教师均有教学任务，且以承担本科生教学为主，但兼顾本科生和研究生教学任务的青年教师也达到了三分之一。

在承担的课程门数上，承担 1 门课程的青年教师占比 21.3%，承担 2 门课程的青年教师占比 36.8%，承担 3 门课程的青年教师占比 29.5%，承担 4 门及以上的青年教师占比 12.4%。在周平均课时上，20.8%的青年教师周平均课时≤4 课时，47.4%的青年教师周平均课时在 5—8 课时，25.6%的青年教师周平均课时在 9—12 课时，6.1%的青年教师周平均课时≥13 课时。

根据上述两项数据，可以发现，三分之二的青年教师每学期要承担 2—3 门课程，近四分之三青年教师的周平均课时在 5—12 课时，即大约每周上 3—6 次课，大约占据了青年教师一半的工作时间。反映到具体的教学工作量占比情况上，教学工作占总工作量的比重≤25%的青年教师为 21.7%，介于 26%—50%的青年教师为 38.2%，介于 51%—75%的青年教师为 24.4%，比重>75%的青年教师则为 15%。

在教学与科研偏好方面，22.4%的被调查者偏好教学、17.1%的被调查者偏好科研、55.9%的被调查者偏好教学与科研并重、4.7%的被调查者无明显偏好。在教学效果自评方面，"非常满意"占比 16.6%、"比较满意"占比 68.8%、"满意"占比 14.3%、"不满意"占比 0.3%。可见，在受调查的青年教师中，对其教学效果不满意的教师占比最低。

（二）教学能力素质提升

表2-6 提升青年教师教学能力的方式

	选项	比重
提升青年教师教学能力的方式	集中培训	39.3%
	国内访学	48.6%
	出国进修	57%
	课堂实践	42.4%
	教研活动	33.7%
	教学竞赛活动	9.6%
	工程或社会实践	22.6%
	其他	1.5%

由上表可知，在针对提升青年教师教学能力的方式调查一项中，倾向于出国进修方式占比最高，为57%；倾向于进行国内访学方式占比次之，为48.6%；倾向于进行课堂实践的方式占比再次之，为42.4%；而进行教学竞赛活动方式的占比最低，仅为9.6%。由此可见，出国进修方式成为提升青年教师教学能力的首选。

综上所述，通过对Ａ大学青年教师的教学状况调查后可知，青年教师大多承担着较为沉重的教学工作，在课程类别上，大多同时承担本科生课程和研究生课程教学任务，仅有3.1%的教师未承担教学任务；教师的课程数量和周课时较多，承担3门及以上的教师占比41.9%，周课时9门及以上的教师共占比31.8%，教学工作占据了青年教师的大部分时间和精力。在提升教学能力的方式上，青年教师更倾向于出国留学和国内访学。

第二节　Ａ大学青年教师学术生存困境与成因分析

　　高校青年教师以硕士和博士居多，虽然其在研究生学习阶段经过了系统的科研训练，但进入工作岗位后，由于自身和外界环境等多方面原因，在进行学术研究和教学工作时，往往会遇到诸多问题。据调查显示，Ａ大学青年教师在工作中面临的问题排在前四位的分别是工作负担重（44.8%）、职称职务晋升难（42.6%）、科研经费不足（38%）和缺少进修机会（32.1%），而这些问题都与高校青年教师的学术生存与发展密切相关，也反映了Ａ大学青年教师在学术资源、职业发展、工作压力等多方面的学术生存困境。

表 2-7　工作问题调查

	选项	比重
工作面临的主要问题	科研经费不足	38%
	工作条件差	31.8%
	工作负担重	44.8%
	人际关系复杂	12.3%
	没有学术引路人	17.9%
	学术论著发表难	21%
	缺少进修机会	32.1%
	职称、职务晋升难	42.6%
	考核机制不合理	25.9%
	其他	1.5%

一、整体收入偏低：生活压力大

进入高校的青年教师收获了相对较高的社会声誉和地位，但背后是沉重的经济生活压力。一方面，我国高校青年教师的收入普遍不高，无论是行业之间与企业员工对比，还是行业内部与中小学教师或与同在高校内的副教授、教授等高职称、高资历者对比，高校青年教师的经济地位都不高，收入差距较大。

另一方面，在北京这种高生活成本的一线城市，青年教师的开销较大。每个青年教师基本都是多年学业苦读终有成，在几乎而立之年才走向正式的工作岗位。多年求学少有积蓄，且同时还可能面临结婚、生子、置办房产等人生大事的集中开销，这对于刚踏上工作岗位的高校青年教师而言，无疑是难以承受的重担。为补贴家用，会有一些青年教师增加课时量、多带学生论文、去校外代课或者做其他兼职业务。总体来说，高校青年教师尤其是在北京工作生活的 A 大学青年教师承受着较大的生活压力。

二、金字塔底的窘迫：学术资源欠缺

对于高校青年教师而言，初始职称大多是讲师甚至助教，处于学术职业金字塔的底层。而无论是按照当前的科研申报制度还是社会环境的影响，处于底层的青年教师都陷入了一个非常窘迫的境地。《中国社会科学报》记者于 2012 年对全国 11 所高校青年教师抽样调查，结果显示大多数青年教师从事的科研工作主要是校级课题，有省部级项目的约为 1/3，持有国家级项目的则很少。对于科研工作量的评价，超过七成（70.21%）的青年教师认为科研压力较大①。相比之下，此次对 A 大学的调查显示，青年教师 41.3% 的课题为校级课题，38.2% 和 35.1% 的课题为国家级课题和横向课题，整体情况要更好一些。但同时我们也看到调查数据所显示的青年教师面临工作负担重（44.8%）、职称职务晋升难（42.6%）、科研经费不足（38%）、工作条件差（31.8%）、学术论著发表难（21%）和没有学术引路人（17.9%）等问题。

一方面，以当前的科研申报制度来讲，科研项目按照级别层次划分，对教师资历设有显性或隐性的准入限制。许多高层级的科研项目只有资深教授和学校领导才有机会申请到，对于青年教师而言则遥不可及。

另一方面，一般来讲，教授与副教授相对于讲师与助教而言，前者的学术水平更高，资历老、人脉广，通常能获得更多的学术资源，也更易取得更大的学术职业发展。而青年教师除了"职称"这一硬性条件不占优势外，在社会资本、经济资本等方面也处于劣势，继而影响到当前环境下的所有学术资源的分配，所造成的后果一是进行高级学术交流和申报课题的机会相对较少、发表文章难度大；二是在现实压力之下，青年教师虽有自己的研究兴趣，但很有可能在一段时间内，需要跟随资深教师的脚步，从事一些自己并不太感兴趣的研究工作。

此外，青年教师除了学术资源有限，在职称评定、职位晋升以及其他福利待遇方面也都可能处于边缘位置，不受重视。而无论是

---

① 肖雨枫. 高校青年教师脚踏实地者居多：压力充分，队伍稳定［N］. 中国社会科学报，2012－04－18.

金字塔上层力量利用手中权力有意为之，还是因其占据有利位置、吸纳了较多资源而影响了青年教师的利益，青年教师的这种窘迫境地短时间内难以改变。在外在环境不变的情况下，青年教师只能通过过硬的科研能力、时间的洗礼或者转由借助经济资本和社会资本来保障自我的生存、发展及"跃升"。

三、考核机制复杂：晋升道路艰难漫长

在对A大学的调查中，42.6%的青年教师反映存在职称、职务晋升难的问题，25.9%的青年教师认为考核机制不合理，50.9%的青年教师对"职称评定中存在重科研、轻教学现象"的调查持"完全符合"态度。职称是为高校教师而设计的一套学术职业阶梯，从选择这个行业那一刻起，青年教师就踏上了漫长的职称评定和晋升的道路，只是在这条道路上，多数青年教师可能遭遇职称名额有限、院系专业边缘、晋升机制复杂等诸多阻碍，甚至有的工作多年也难以晋升，职业发展之路走得并不顺畅。

首先是来自"非升即走"政策的压力。许多高校包括A大学在内，都实行青年教师"非升即走"的政策，即青年教师若在一定年限（通常为5—6年）内不能从讲师升到副教授，便要转岗或者直接终止在这个学校的职业生涯。这一政策源于美国的终身教职制度，逐渐被我国一些高校所引进，目的是为了检验人才质量，激励青年教师努力提升科研能力和学术水平，最终保证学校的教学和科研质量。对于政策本身的利弊，在此不做过多评论，但毫无疑问的是，在当前我国高校职称晋升指标有限、人情关系重、青年教师教学工作量大等现实条件下，高校青年教师的肩上又增加了一份无形的压

力，这既是鞭策与监督，也是一把悬在头上的利剑。对于初来乍到的青年教师而言，在这个受指标、人情、利益、行政需要等因素影响的副教授晋升队伍中，如果不是学术实力十分突出，就只能远远地站在队尾。

其次是以科研为绝对主导的考核机制，压抑了青年教师的教学热情；而僵硬量化的考核方式也让许多教师在学术科研成果上疲于求"量"而忽略"质"。无论是以往"985""211"高校的评定，还是未来"双一流"高校的建设，科研成果都是衡量高校素质和水平的重要指标。为了取得相应的职称，科研项目、学术期刊等俨然成了教师角力的竞技场。但对于高校青年教师而言，如前文所讲，本身在这场竞争中处于劣势地位，为了晋升就不得不比别人付出更多的精力和成本。而人的精力是有限的，对科研多一分投入就意味着对教学投入的减少。另一方面，为了强化科研工作，高校将教师职称评定、职务晋升与发表论文专著数量、申请课题数量和课题级别等指标直接挂钩，建立起了一套量化的考核体系。这种量化的考核方式看似简明公正，但并不完全合理。比如，人文社科类专业，产生新的学术成果相对较慢，更不用说有影响力的论文或著作所耗费的心力和时间。如果单纯按照每年发了多少篇核心、C刊等量化指标去衡量一个人的科研能力的话，未免有失偏颇。这种考评体制下，想要晋升的青年教师，只能优先考虑满足科研方面数量的要求，再兼顾科研成果的"质"。长此以往，只会产生越来越多的学术垃圾，而缺少真正有分量的科研成果。

四、教学与科研的制衡：夹缝中求生存

教学与科研是每个高校教师的主要任务，而对于青年教师，二者所带来的双重压力更加明显。首先是普遍存在的"重科研、轻教学"的现象，具体到Ａ大学，50.9%的青年教师完全同意这个观点，30.7%的青年教师基本同意，认同的比例相当高。其实不只在Ａ大学，很多高校都有同样的问题：科研在绩效考核、职称评定中占重要比例，科研方面的诉求更容易得到上层关注，有项目、资历老的教授、副教授或者行政领导等学术资源更多、发表科研成果更容易等。青年教师只能在大量的教学任务和沉重的科研压力之间疲于奔命。

其次，青年教师担当高校教学主力，长远来看也不利于保证教学质量。一方面从个人能力和教学经验来讲，青年教师在走入工作岗位之前，虽然受过正规的学术训练，拥有丰厚的知识体系，但受制于有限的教学经验和技巧，多数青年教师在教材处理、课堂讲授、学习方法引导等方面的教学质量均有所欠缺。而当前我国高校教师的岗前培训普遍存在培训内容抽象、培训形式单一、脱离教师实际需求的现象，难以真正为青年教师解决问题。另一方面，青年教师在教学和科研的夹缝之中，既要承担教学的重担，又要在不利条件下努力开展科研工作，来争取晋升的砝码。长期工作的超负荷运转，精力不足、难以兼顾，最糟糕的结果就是"赔了夫人又折兵"，同时牺牲了教学和科研的质量。课前的充分备课和课后的反思总结则在工作热情和精力被消磨殆尽后逐渐力不从心。

五、外忧内困：自我发展阻力大

教育是一个特殊的行业，更需要贯彻"活到老，学到老"的终身学习理念。高校青年教师在走向工作岗位后，仍需要通过外部的培训进修和内部的自我学习来不断丰富和更新自己的知识，而目前存在的问题是外部进修机会有限、培训不完善，内部缺少时间和精力去自主学习。

首先在培训和进修制度方面，A 大学 2013 年成立了教师发展中心，旨在配合协调人事处更好地开展青年教师能力素质提升的工作。中心成立以来开展了入职培训、岗前培训、教师资格证培训、工程实践培训、国际交流能力培训－公派长期出国（境）研修、教育教学能力培训、综合素质拓展培训等多样化的培训项目。但对 A 大学调查的一组数据又说明了一些问题：32.1% 的青年教师反映缺少进修机会；55.6% 的青年教师对学校的教师进修政策一般性了解，33% 的青年教师不了解学校的教师进修政策；近 3 年培训累积时间在 10 天及以下的教师占比 31.2%，介于 11—30 天的教师占比 34%；30 天以上的占比 21.6%，从未参加过的占比 13.3%；认为学校安排的培训不太符合青年教师发展需要的占比 31.8%。鲜明的对比不禁让人思考目前的培训进修政策是否真正被青年教师了解，是否真正让广大青年教师都参与其中、学到了东西、起到了效果。

其次青年教师的工作及业余时间被大量挤占，导致学习时间、学习条件等无从保证。正如前面所讲，高校青年教师既要承担工作量较大的本科生教学、研究生教学，又有必须面对的科研任务，在长期高负荷的工作中疲惫不堪。同时在组建家庭、结婚生子的人生阶段，许多生活中的大小事项也接踵而来。试想，在工作和生活中的事情都应接不暇的情况下，青年教师如何保证拥有充足而有效的时间静下心来自我充电呢？

此外，青年教师在面对学校的教学管理制度、报销制度时，往往往会觉得无所适从。青年教师的意见不知向何处表达，就算通过校内网络平台或者向工作人员反映而得到反馈，也往往没有下文，更不会对原有的制度及运行产生实质性的影响。在这样的环境下，青年教师工作学习的主动性和积极性也将大打折扣。

第三节　A 大学应采取的相关对策与建议

针对 A 大学青年教师所遭遇的学术生存困境，在高校教师的薪酬福利制度、教师管理制度、职称考评制度、培训制度和教师对自我的认识与定位等方面都应有相应地改变，才能逐步解决当前的问题。

一、增强青年教师物质保障，减轻经济压力

青年教师是高校师资中重要的储备和骨干力量，是科学研究、学术创新的主力军，优良的师资是学校永续发展的动力和源泉。然而如前文所讲，广大高校青年教师在面临生存与发展、创收还是创新的抉择时，往往无奈地向现实生活低头，淡化自己最初的学术理想。因此，政府与学校应着力增强高校青年教师的物质保障，适度减轻其经济压力，解除后顾之忧，令其能够更加专注于教学和科研工作。

一方面提升青年教师包括基础工资、绩效工资和奖金等在内的综合薪资待遇，增加直接收入。国家 2016 年底发布的《关于实行以增加知识价值为导向分配政策的若干意见》中指出，"允许科研人员

和教师依法依规适度兼职兼薪"，包括允许科研人员到企业兼职、允许高校教师从事多点教学，收入原则上归个人。国家的这一政策，正是对目前高校教师整体收入偏低现状的回应，在现状难以短时间改变的情况下，采取的一种补偿措施，为青年教师合理合法创收营造有利环境。

另一方面，北京高校青年教师普遍面临着住房或租房问题，工资低、房价高。因此高校应努力创造条件，为初入高校的青年教师提供过渡性宿舍、公寓，或者提供阶段性的住房补贴等，帮助青年教师顺利度过最艰难的时期，缓解经济压力。这既是对高校青年教师的人文关怀，也是对知识、对教育的尊重。也只有这样，才能使高校教师这个职业具有更强的吸引力，吸引更多的青年才俊为教育事业、为科学研究奉献自己的才华与青春。

二、青年教师应正确认识自我，发展有所侧重

高校青年教师首先要正确认识和理解自己的职业，才能正确调整和把控自己的职业发展之路。科研和教学本身就是高校的立校之本，作为高校教师，要认清和正视自己的双重职业身份。在职业初期，应摆正心态，坦然面对可能产生的角色冲突，积极积累教学经验，守好教书育人的本分。

第二，在科研与教学的关系上，青年教师应有意识地认识和反思自我，根据自身的能力和兴趣，对科研和教学有所侧重，可以是偏重一方，也可以在合理安排下兼顾。对 A 大学青年教师教学与科研偏好的调查显示，22.4%的被调查者偏好教学、17.1%的被调查者偏好科研、55.9%的被调查者教学与科研并重、4.7%的被调查者

无明显偏好。这说明青年教师对自我是有一定认识的，如果能够按照自己的能力往兴趣方向重点发展，一定可以激发青年教师更大的潜能。

第三，无论选择哪种发展道路，青年教师都要提升自身修养，培养师德，树立为人师表的风范和高尚的学术人格。如陶行知先生所言，"学高为师、身正为范"，真正以身作则。作为高校中的教师，作为学者，既要仰望星空，也要脚踏实地，忠于真理、勇于创新，坚持学术道德规范和学术标准。

三、对教师实行分类管理，人尽其才

对于青年教师承受来自教学和科研双重压力的现实，高校也应做出改变。第一，高校可以明确教师阶段性工作重点，对于青年教师，应给予更多科研机会、规定合理年课时量，避免教师刚走上工作岗位就长期超负荷运转，失去了学习进修与从事科研的时间。对于专业教学，尤其是本科生教育和一些重点课程，应让专业知识十分扎实和教学经验十分丰富的资深教师成为主要承担者，让深入浅出的生动讲解代替照本宣科的教学，这既是对学生的负责，也是高校教育本质的最好体现。

第二，在科研和教学这件事上，青年教师个体都有不同的侧重点。高校应改变以往"眉毛胡子一把抓"的管理和评价模式，对教学型、科研型和教研并重型加以区分，实行分类管理。无论青年教师立足教学，还是主攻科研，学校都应激励引导，做到人尽其才。高校也可以根据自身特点，对于主流和优势学科专业，以教学科研并重的岗位为主；对于一些公共基础课程，以教学型岗位为主。此

外，再根据需要设置一些专职的研究型岗位。对不同岗位的教师，实行不同的绩效考核和职称晋升标准，避免一刀切，最大限度地保障教师的工作积极性。

博耶在《学术反思：教授工作的重点》这一报告中提出"创造性契约"（creativity contract）的概念，指教师可以决定自己在未来三至五年内的学术工作重点，对教师的学术评价体现职业道路的灵活性和个体的差异，借此教师可以根据兴趣选择工作重心，并尝试不同类型的学术工作①。博耶认为，一位教师在不同阶段要面临不同的任务；不同类型的专业和领域学术成果多产期的时间也不同，如理科早一些，人文社科晚一些。博耶的这些思想也都体现了高校教师发展的灵活性和自主性，高校对教师的管理，包括对青年教师的引导，应遵循教师成长规律，促进其良性发展，实现教师和学校的双赢。

四、改良考评体系，由"量"走向"质"

目前的考评体系都是与发表论文专著数量、申请课题数量、课题级别等量化指标直接挂钩的，而僵硬量化的考核方式不仅将高校教师压得喘不过气来，还逐渐拉低了学术成果的"质"。要想通过学术评价来促进组织内部的学术创新，就必须将关注点由"量"转移到"质"上面，以学术事业的发展规律为依据来制订考评体系，把学术成果的质量作为绩效考核、职称晋升的主要标准。类似人文社

---

① ［美］欧内斯特·L·博耶. 学术水平反思——教授工作的重点［C］//吕达，周满生. 当代外国教育改革名著文献（美国卷三）. 北京：人民教育出版社，2004：18－24.

科这种新的学术成果生产周期较长的学科，"十年磨一剑"的现象并不少见，如果单纯以学术成果数量来衡量是绝对不合理的。有些人即使论文数量不多，但其仅有的著作和文章也可以证明其学术能力，在学术界拥有充分的话语权。因此，在对学术成果"质"的考察上，我们可以借鉴西方的"代表作"制度，不看重成果的数量，只关心其最突出、最具有影响力的内容，这样也自然地引导高校教师将学术重点由"量"转向"质"。

同时，在目前职称评定等涉及学术评价的过程中，评审专家可能来自各个专业，无论他们对被评价者的研究领域懂或不懂，都有权投票。但所谓隔行如隔山，这样评价的权威性和客观性都令人质疑，因此必须解决"由谁评价"的问题。由校内外同领域的知名学科专家作为主要评审成员才能更客观地判定某项科研成果是否是创新成果、是否有助于本学科的进步，判定某教师是否达到了晋升相应职称的学术水平。只有解决了上述两个问题，以学术评价为主的考评体系才可能发挥其激励教师的作用，为青年教师发展提供正确的价值引导。

五、更新培训理念，服务青年教师需求

国外高等教育发达的国家，很少出现"高校教师培训"，相对应的是"教师发展"。在我国层级式的行政管理理念影响下，教师培训更多的是一种给教师的行政安排，并没有将教师参与发展项目和活动当成青年教师的一项重要权利。A 大学虽然设立了教师发展中心，但实际的培训理念和培训没有发生质的变化，培训效果也不尽如人意。随着教育水平的提高，高校青年教师更加突显出学历层次高、创新性强、思想活跃的特点，更加注重"个人价值"等基本特征，原有的培训越来越不能满足高校教师的需求，起到了南辕北辙的作用。

因此，首先高校青年教师的培训理念要由"管理"向"服务"转变，这是时代的要求，更是个人的需求。"服务"理念的重点体现就是"以人为本"，根据教师的需求、利用便捷的方式进行培训。更加确切地说，是使高校教师培训成为一种"公共服务"，即利用公共资源、利用互联网的技术，建立在高校内部的、满足高校青年教师发展需求的服务媒介，进而实现高等教育以及教师自身的发展[①]。

其次，注重教师实际需求，在了解和分析青年教师对相关活动的实际需求后，确定青年教师希望开展的教师发展活动内容和形式，然后推出相关服务。同时，也要注重培训的绩效，既注重过程，也兼顾结果。在活动过程中和结束后，收集教师的反馈信息，了解他们的真实感受和态度，总结改善意见，提升以后活动的针对性和有效性。

再者，有效运用"互联网＋"时代新的技术和服务平台，使高校教师培训从封闭式走向开放式、从集中式走向自主式、被动式走向互动式，实现单纯的被动教育走向综合绩效的改善[②]。

六、回归学术本真，营造宽松学术环境

当前，高校青年教师在获取学术资源、进行科学研究、发表学

---

① 赵慧君. 校园内的公共服务——高校教师岗前培训改革和发展研究［M］. 北京：中国社会科学出版社，2013：247.

② 刘瑞营. "互联网＋"时代的教育信息技术与教育变革研讨会在华南师大举行［J］. 中国科技产业，2015（6）：34.

术成果等科研活动中，通常处在一个不利的竞争位置。这既是受其本身的学术水平的限制，也受到其社会资本、经济资本等因素的影响。而令人担忧的是，后者的影响力量正逐渐与前者并驾齐驱，甚至有赶超之势。

高校作为一个学术组织，最重要的事情就是让学术事业的发展遵循其本身的规律，而不是让其他因素进行过多的干预。无论是为了高校青年教师的发展，还是为了学校自身的长远发展，都应让校园回归学术的本真，为广大教师尤其是青年教师的发展营造宽松的学术氛围和环境。让教师掌握真正的话语权，让文化资本成为学术资源分配的主要依据，给予青年教师更多的学习机会，引导他们为有价值的学术成果本身而奋斗，而不是谋求送礼、拉人情。在良好的、健康的学术氛围中，如此循环，让学术体系回归良性发展，让青年教师不再迷茫和偏离正确的方向。

第三章

北京市 B 大学青年教师学术生存现状、困境与对策

北京市 B 大学目前是国家"双一流"建设高校，学科专业涵盖文、理、工、管、法、教育、外语、艺术等，是北京市人才培养的重要基地。B 大学下设 30 个院系以及大学英语教研部、体育教研部，已形成从专科生到本科生、硕士生、博士生及博士后，从全日制到成人教育、留学生教育全方位、多层次的办学格局和教育体系。

第一节　B 大学青年教师学术生存的现状与特点

目前，B 大学已拥有一批在国内外有一定影响的专家、学者。在校工作的中国科学院、工程院院士 7 人，俄罗斯工程院院士 1 人，俄罗斯自然科学院院士 1 人，国务院学位委员会学科评议组成员 4 人，教育部学科教学指导委员会委员 13 人，入选国家"千人计划"项目 5 人，"万人计划"领军人才 6 人，"万人计划"青年拔尖 2 人，教育部"长江学者奖励计划"特聘教授 12 人，教育部"长江学者奖励计划"讲座教授 1 人，国家杰出青年基金资助者 11 人，入选全国

文化名家暨"四个一批"人才 2 人，入选北京市文化名家暨"四个一批"人才 12 人，国家级百千万人才 12 人，入选"北京学者计划"5 人，首都科技领军人才培养工程 2 人，入选北京市海外人才聚集工程 20 人，北京市科技新星 37 人，入选长城学者培养计划 15 人，教育部创新团队 3 个。学校另有 64 名教师荣获曾宪梓高师教师奖、霍英东青年教师教学奖和科研奖。

一、北京市 B 大学青年教师的基本情况

根据截至 2017 年 9 月的数据，B 大学现有教职工 2515 人，在 1619 名专任教师中正高职称人数 349 人，副高职称人数 640 人，博士 989 人，硕士 385 人，拥有硕士及以上学位教师占专任教师总数的 85%。其中，据不完全统计，青年教师（45 岁以下）为 1159 人，占所有专任教师人数的 71.6%，其基本情况见表 3 - 1。

表 3 - 1　北京 B 大学青年教师基本情况

（单位：人）

类型	组成结构	人数	总数	百分比
性别	男	691	1159	59.6%
	女	468		40.4%
学历	博士	945	1159	81.5%
	硕士	156		13.5%
	本科	58		5%
职称	正高	87	1159	7.5%
	副高	493		42.5%
	中级	522		45%
	其他	57		5%

由上可知，B 大学的青年专任教师占专任教师总人数的 71.6%，说明 B 大学师资呈年轻化态势，青年教师已经成为该校师资的中坚力量。在青年教师性别结构上，男青年教师人数大于女青年教师人数；在学历层次结构上，青年教师中拥有博士学历的人数占总人数的 81.5%，拥有硕士学历的人数占总人数的 13.5%，拥有硕士及以上学位的青年教师占总人数的 95%，远远大于全校专任教师的学历比例，这说明该校青年教师绝大部分都拥有高学历层次；在职称结构上，该校青年教师中，拥有正高级职称人数占青年教师总人数的 7.5%，拥有副高职称人数占青年教师总人数的 42.5%，拥有中级职称占青年教师总人数的 45%，这表明大约一半的青年教师正处于职业发展的初步阶段，还需要进一步晋升的空间。

二、北京市 B 大学青年教师的学术现状

"学术生活是大学教师完整生活的重要组成部分……学术生活是大学教师职业区别于中小学教师职业的根本特点。"[①] 在学术生活中，高校教师作为学者，承担着自己所在专业领域的科学研究工作。学者为了在所在的学科领域达到一定的学术水平，除了要通过学科培养证明自己具备了从事学术职业的基本素质外，还要对学科体系做出贡献，并通过文本载体来实现。[②] 虽然青年教师是大学教育系统中的中坚力量，但是在目前的现实环境中，青年教师在科研发展

---

① 张应强. 大学教师的社会角色及责任与使命 [J]. 清华大学教育研究，2009，30（1）：13

② 郭丽君. 大学教师聘任制——基于学术职业视角的研究 [M]. 北京：经济管理出版社，2007：24

和学术研究中常常遇到各种难题和困境。为了保障青年教师有良好的组织环境，发挥青年教师的学术优势，首先需要明了当前青年教师在学术研究中的现状。

本次问卷调查涉及了 B 大学下设 32 个教学单位，共回收有效问卷 253 份，占 B 大学青年教师总体的 21.8%。在参与调查的青年教师样本中，男青年教师占 47.5%，女青年教师占 52.5%；在年龄结构上，30 岁以下的青年教师占 7.5%，30—35 岁的青年教师占 30%，36—40 岁的青年教师占 42.5%，41 岁以上的青年教师占 20%；在学历层次上，最高学历为博士的青年教师占 87.5%，最高学历为硕士的青年教师占 12.5%；在本校工作时间上，1 年及以内的青年教师占 5%，1—3 年（包括 3 年）的青年教师占 12.5%，3—6 年（包括 6 年）的青年教师占 37.5%，6 年以上的青年教师占 45%；在职称结构上，目前是讲师/助理研究员的青年教师占 50%，是副教授/副研究员的青年教师占 42.5%，是教授/研究员的青年教师占 2.5%，还有 5% 的青年教师是其他职称（如实验员等）。因此从调查样本来看，女青年教师居多，八成的青年教师小于 41 岁，近九成的青年教师的最高学历为博士，八成以上的青年教师在本校工作 3 年以上，并且有一半的青年教师职称为讲师或助理研究员，对 B 大学的青年教师而言具有一定的代表性。

（一）科研课题、课题级别以及论文发表情况

问卷调查从科研课题的数量、教改课题的数量、学术研讨会、教学类研讨会、论文发表等方面来了解 B 大学青年教师的学术生存现状，具体结果参见表 3 –2。

表 3 – 2　北京 B 大学青年教师入职后近 3 年学术科研基本情况

	类型	选项	比重
入职后，近3年主持或参与的科研课题数量	科研课题数量	0	7.5%
		1—2	57.5%
		3—4	25%
		5 个及以上	10%
	教改类课题数量	0	20%
		1—2	72.5%
		3—4	5%
		5 个及以上	2.5%
入职后，近3年参加的学术会议数量	学术研讨会（含国内和国际）	0	0%
		1—3 次	65%
		4—6 次	22.5%
		≥7 次	12.5%
	教学类研讨会	0	15%
		1—3 次	72.5%
		4—6 次	7.5%
		≥7 次	5%
入职后，近3年作为第一作者公开发表的学术论文	学术论文	0 篇	7.5%
		1—2 篇	40%
		3—4 篇	35%
		5 篇及以上	17.5%
	教改论文	0 篇	50%
		1—2 篇	47.5%
		3—4 篇	2.5%
		5 篇及以上	0%

从表 3—2 可见，B 大学的青年教师在入职后近 3 年，从未主持或参与科研课题的青年教师占比 7.5%，主持或参与过 1—2 个科研课题的青年教师占比最高，为 57.5%，参加过 3—4 个科研课题的占比 25%，参加过 5 个及以上的为 10%；同时，从未主持或参加教改课题的占比 20%，主持或参加过 1—2 个教改课题的占比最高，为 72.5%，参加过 3 个以上的仅占 7.5%。由于样本数据中，有 17.5% 的青年教师在本校工作时间在 3 年以下，因此可以解释有些青年教师从未主持或参与科研课题和教改课题。同时，B 大学在《关于申报教师高级专业技术职务的有关规定》中规定，凡申报教授、副教授（包括教学科研型和教学型），主持过 1 项教改课题是必备条件的可选项之一，因此可以解释调查结果中青年教师主持或参加过 1—2 个教改课题的占比高达 72.5%。

从青年教师入职后，近 3 年参加的学术会议数量上看，几乎无人从未参加过学术研讨会，但有 15% 的青年教师从未参与过教学类研讨会；参与 1—3 次学术研讨会的青年教师占比 65%，而参加过 1—3 次教学类研讨会的青年教师占比 72.5%；参加过 4 次以上学术研讨会的青年教师占比 35%，而参加过 4 次以上教学类研讨会的青年教师占比仅为 8%。由于 B 大学是师范类大学，设有教育学院、学前教育学院、初等教育学院、教师教育学院、继续教育学院、首都基础教育研究院、教育技术系等教学单位，一些院系的青年教师所参加的学术研讨会，可能同时也是教学类研讨会，这可能解释调查结果中参加过 1—3 次教学类研讨会的青年教师比重较大。

在青年教师近 3 年以第一作者公开发表的学术论文方面，发表过 1—2 篇学术论文的青年教师占比最高，为 40%，其次是发表过

3—4篇学术论文的青年教师，占比35%，再次是发表过5篇及以上学术论文的青年教师占比17.5%，从未发表过学术论文的青年教师占比仅为7.5%。相比之下，有一半的青年教师从未发表过教改论文，47.5%的青年教师发表过1—2篇教改论文，仅有2.5%的青年教师发表过3—4篇教改论文，没有青年教师发表过5篇及以上教改论文。可见，近3年从未主持或参与过科研项目的青年教师比重与从未以第一作者发表过学术论文的青年教师比重一致，但是相比之下，主持或参与过至少1项教改项目的青年教师占比高达80%，发表过至少1篇教改论文的青年教师比重却仅为50%。这表明，一些青年教师虽然主持或参与教改项目，但却从未发表过教改论文，显示出对学术论文的重视和对教改论文的忽视。

从表3-3可见，B大学青年教师主持或参加的课题级别占比由高到低分别为校级课题（65%）、省部级课题（60%）、国家级课题（55%）、市厅级课题（35%）、横向课题（25%）。从整体上看，B大学青年教师主持或参与的科研课题分别由校级课题、省部级课题、国家课题支撑大局，其次才是市厅级，横向课题相对最少。

表3-3　北京B大学青年教师科研课题级别

	选项	比重
	国家级	55%
	省部级	60%
科研课题级别	市厅级	35%
	校级	65%
	横向课题	25%

从调查的整体来看，主持或参与科研课题 3 个以上的青年教师占比 35%，而主持或参与教改课题 3 个以上的青年教师仅占 7.5%；近 3 年几乎没有青年教师从未参加过学术研讨会，但有 15% 的青年教师从未参与过教学类研讨会；近 3 年，从未发表过学术论文的青年教师占比仅为 7.5%，而 50% 的青年教师从未发表过教改论文。这充分表明，B 大学的青年教师参与学术科研活动的积极性明显高于参与教改活动的积极性。同时，由于受制于自身职称和学术资源的有限，虽然 B 大学青年教师所主持或参与的科研课题以校级居多，但是也显示出较强的学术实力，其主持或参与的省部级和国家级课题只是略低于校级课题，隐隐出现"三足鼎立"的趋势。

（二）科研工作量情况

高校教师都十分重视学术科研。B 大学的青年教师大都有相对稳定的科研方向，而且通常情况下，其研究方向与科研课题方向一致。那么究竟高校教师在科研工作上的投入现状如何呢？

表 3 - 4　北京 B 大学青年教师科研工作量情况

类型	选项	比重
每周正常工作时间（周一至周五 8：00—17：00）用于科研的时间	5 小时及以下	11.5%
	6—10 小时	19.5%
	11—15 小时	27.7%
	15 小时以上	41.3%

续表

类型	选项	比重
除了正常工作时间，每周（周一至周日）用于科研的时间	7 小时以下	26.5%
	8—14 小时	26.5%
	15—21 小时	13.7%
	21 小时以上	33.3%
每周（周一至周日）因科研工作而熬夜（深夜 12 点之后）的次数	0 次	15.2%
	1—2 次	26.8%
	3—4 次	38.4%
	5 次及以上	19.6%
按预定时间结题的情况	完全不能	7.5%
	通常不能	12.5%
	通常能	73.2%
	完全能	6.8%

从表 3-4 可见，69% 的青年教师在每周正常工作时间（周一至周五 8：00—17：00）中，从事科研工作为 10 小时以上；除了正常工作时间，只有 26.5% 的青年教师每周（周一至周日）从事科研工作的时间少于 7 小时，还有三分之一的青年教师每周从事科研工作的时间在 21 个小时以上；有 15.2% 的青年教师没有因科研工作而熬夜，但是 84.8% 的青年教师每周（周一至周日）至少熬夜 1 次，其中有 19.6% 的青年教师每周熬夜 5 次及以上；有 80% 的青年教师表示能按预定时间结题，20% 的青年教师则表示不能按预定时间结题。

从调查结果的整体上看，约三成的青年教师在周一至周五的正常工作时间中较少从事科研，而近七成的青年教师则在正常工作时间内，平均每天从事科研工作至少 2 小时。正是由于科研工作的特殊性，青年教师大多是在正常工作时间之外从事科研工作，有四分之三的青年教师平均每天在正常工作时间之外从事科研工作少则 1 小时，多则 3 小时以上。科研工作的另一特殊性，则显现在有 8 成以上的青年教师每周至少熬夜 1 次，甚至有近 2 成的青年教师几乎每天都因科研工作而熬夜。即便是在科研工作的时间上投入巨大，还有 20% 的青年教师表示无法按预定时间结题。可见，B 大学青年教师主要是利用正常工作时间之外的时间来进行科研工作，即便投入时间巨大不惜熬夜，但在科研课题的按时结题上仍略显时间和精力不足。

综上所述，B 大学青年教师在科研课题、学术研讨会、学术论文发表上的参与程度较高，至少达到 92% 以上，但是在教改项目、教学研讨会、教改论文发表上的参与程度相对较低，其中参与程度最低的是教改论文的发表。这表明，B 大学的青年教师参与学术科研活动的积极性明显高于参与教改活动的积极性，并且在教改活动形式上有所侧重，最为忽视教改论文的发表。同时，B 大学青年教师的科研工作负担较重，多数的青年教师在正常工作时间内平均每天从事科研工作至少 2 小时，而在正常工作时间外，平均每天从事科研工作至少 1 小时，并且每周至少熬夜 1 次。

三、北京市 B 大学青年教师的教学状况

对 B 大学青年教师教学状况的调查分别从教学基本情况、教学培训的需求等方面展开。其中，教学基本情况包括所承担的教学任务、承担的课程数量、周平均课时、所承担课程与研究方向的一致性、所承担课程的相关性、教学工作量占总工作量的比重、教学效

果自评、教学与科研的偏好程度等方面，具体调查结果如下。

（一）教学基本情况

表3-5 北京 B 大学青年教师的教学基本情况

	选项	比重
教学任务	本科生课程	51.7%
	研究生课程	10%
	本科生和研究生课程	30.8%
	未承担教学任务	7.5%
承担的课程数量	1 门	25%
	2 门	25%
	3 门	32.5%
	4 门及以上	17.5%
周平均课时	≤4 课时	25%
	5—8 课时	40%
	9—12 课时	22.5%
	≥13 课时	12.5%
所承担课程与研究方向的一致性	完全不一致	6.7%
	大体不一致	33.3%
	大体一致	53.3%
	完全一致	6.7%
所承担课程的相关性	很弱	8%
	比较弱	40%
	比较强	52%
	很强	0%

续表

	选项	比重
教学工作量占工作量的比重	25% 及以下	22.5%
	26—50%	45%
	51%—75%	30%
	76% 及以上	2.5%
教学效果自评	非常满意	12.5%
	比较满意	70%
	不太满意	17.5%
	非常不满意	0%
教学与科研的偏好程度	偏好教学	15%
	偏好科研	32.5%
	教学与科研并重	45%
	无明显偏好	7.5%

　　高校是本科生教育与研究生教育的重要场所，青年教师除了承担本科生教学的同时，还承担着研究生教学的任务。从表 3-5 可见，仅有 7.5% 的青年教师未承担教学任务，这主要是因为 B 大学的职称系列中除了讲师—副教授—教授之外，还有助理研究员—副研究员—研究员以及实验员系列，而后者一般不承担教学任务。凡属于讲师—副教授—教授系列职称的青年教师必须要承担一定的教学任务，调查显示 51.7% 的青年教师仅承担本科生课程，10% 的青年教师仅承担研究生课程，30.8% 的青年教师同时承担本科生和研究生课程。由此可见，B 大学的青年教师以承担本科生教学为主，但同时承担本科生和研究生教学任务的青年教师也不在少数。

　　在承担的课程门数上，最近一学期分别有四分之一的青年教师承担 1 门课程和 2 门课程，承担 3 门课程的青年教师占比 32.5%，承担 4 门及以上的青年教师占比 17.5%。在周平均课时上，四分之一的青年教师周平均课时 ≤4 课时，40% 的青年教师周平均课时在 5—8 课时，22.5% 的青年教师周平均课时在 9—12 课时，12.5% 的青年教师周平均课时 ≥13 课时。由此可见，一半的青年教师一学期要承担 3—4 门课程，约三分之二的青年教师周平均课时在 5—12 课时，若以每课时 40 分钟计算，这些青年教师周平均教学时间在 3—8 小时。

在承担课程与研究方向的一致性上，60% 的青年教师表示大体一致和完全一致，还有 40% 的青年教师表示大体不一致和完全不一致。在所承担课程的相关性上，48% 的青年教师表示所承担课程之间的相关性比较弱和很弱，52% 的青年教师表示所承担课程之间的相关性比较强。可见，尽管半数以上的青年教师承担的课程与研究方向有一致性，并且所承担的课程之间也具有相关性，但是仍然有相当比重的青年教师处于教学与研究脱节，教学课程门类泛化的境地。

以上并未统计青年教师备课、批改作业等课外的教学工作时间，而反映到具体的教学工作量占比情况中，调查显示 22.5% 的青年教师表示教学工作量占总工作量的比重 ≤25%，45% 的青年教师表示教学工作量占总工作量的比重介于 26%—50%，30% 的青年教师表示教学工作量占总工作量的比重介于 51%—75%，仅有 2.5% 的青年教师表示教学工作量占总工作量的比重超过 75%。可见，大多数的青年教师认为，教学工作占据了自己总工作量的四分之一至四分之三，其中较多的青年教师认为，教学工作大约只占据了自己总工作量的一半以下。

在青年教师教学效果自评中，82.5%的青年教师表示对自己的教学效果感到满意和非常满意，没有青年教师表示对自己的教学效果非常不满意。可见，B 大学的青年教师对自己的教学效果拥有较大的自信和满意度。

在教学与科研偏好方面，仅有 15%的青年教师表示偏好教学，相比之下有 32.5%的青年教师偏好科研，另外 45%的青年教师表示教学与科研并重，还有 7.5%的青年教师表示无明显偏好。可见，表示教学与科研并重的青年教师最多，但表示偏好科研的青年教师约是表示偏好教学的青年教师的 2 倍。

（二）教学培训的需求

从调查结果来看（见表 3 - 6），90%的青年教师表示有必要为青年教师提供教学培训，并且有 30%的青年教师认为此举非常必要。可见，虽然绝大多数的青年教师都对自己的教学效果表示满意，但是仍然认为需要进行教学培训。

表 3 - 6　北京 B 大学青年教师教学培训情况

类型	选项	比重
是否有必要为青年教师提供教学培训	非常必要	30%
	有点必要	60%
	不太必要	10%
	非常不必要	0%

在表示有必要进行教学培训的青年教师中，从表 3 - 7 可见，希望 1 学期进行 1 次教学培训的青年教师占比最高，为 47.2%，其次

是希望 1 学年进行 1 次教学培训的青年教师，占比 19.4% 。在每次教学培训的合适时间上，47.2% 的青年教师希望在 1—2 小时以内，其次是 22.2% 的青年教师希望在 2—3 小时以内。在教学培训时间的安排上，69.4% 的青年教师希望安排在工作日的某固定时间，其次是 19.2% 的青年教师希望安排在小学期。

在针对提升青年教师教学能力的有效方式调查一项中，倾向于出国进修方式占比最高，为 75%；倾向于国内访学方式占比次之，为 57.5%；倾向于课堂实践和科研活动方式占比并列第三，均为 52.5% 。

表 3–7　北京 B 大学青年教师所期望的教学培训的情况

类型	选项	比重
教学培训的时间频率	半月 1 次	0%
	每月 1 次	16.7%
	1 学期 1 次	47.2%
	1 学年 1 次	19.4%
	对培训频率没有要求	16.7%
每次教学培训的合适时间	1 小时以内	11.2%
	1—2 小时以内	47.2%
	2—3 小时以内	22.2%
	3 小时以上	19.4%
最希望的教学培训时间	工作日的某固定时间（如周四下午）	69.4%
	周末	3%
	小学期	19.2%
	寒暑假	8.4%

类型	选项	比重
	集中培训	30%
	国内访学	57.5%
	出国进修	75%
提升青年教师教学能力的有效方式	课堂实践	52.5%
	科研活动	52.5%
	教学竞赛活动	20%
	工程或社会实践培训	15%
	其他	2.5%

通过对 B 大学青年教师的教学状况调查后发现，青年教师大多承担着较为沉重的教学工作，以本科生教学为主，也同时兼顾研究生教学；青年教师的每学期承担的课程门数和周课时较多，有一半的青年教师一学期要承担 3—4 门课程，约三分之二的青年教师周平均教学时间在 3—8 小时；至少有 40% 的青年教师处于教学与研究脱节、教学课程门类泛化的境地，这就进一步加剧了教学工作占据青年教师的大部分时间和精力。虽然青年教师一般都表示教学和科研并重，但偏好科研的青年教师仍多于偏好教学的青年教师。同时，绝大多数的青年教师认为有必要进行教学培训，其中较多的青年教师偏好每学期进行 1 次教学培训，每次培训时间在 1—2 小时，安排于工作日的某固定时间，并且提升青年教师自身教学能力的方式首选出国进修。

四、北京市 B 大学青年教师考评机制情况

本次调查针对 B 大学青年教师对职称晋升与评定的满意度、职

称评定中科研与教学的比重等相关问题进行了询问，结果如下。

表3−8　北京B大学青年教师对职称评定的相关态度

	选项	比重
对职称晋升与评定的满意度	非常满意	0%
	满意	65%
	不满意	30%
	非常不满意	5%
职称评定中存在重科研、轻教学现象	完全符合	40%
	基本符合	52.5%
	不太符合	7.5%
	完全不符合	0%

由表可知，65%的青年教师对职称晋升感到不满意，30%的青年教师对职称晋升感到不满意，5%的青年教师对职称晋升感到非常不满意。而在职称评定的调查中，40%的青年教师对职称评定中存在重科研、轻教学现象的调查持完全符合态度，52.5%的青年教师持基本符合态度，说明该校在进行职称评定时，较为看重教师的科研水平和科研成果。

第二节　B大学青年教师学术生存困境与成因分析

一、教学工作量两极分化，教学课程门类泛化

B大学规定，教师每学年需要完成192课时的教学工作量，虽

然与之前规定的 216 课时的教学工作量相比，教师的教学工作量已经有所减少，但是在青年教师身上，仍然出现"两极分化"的态势：有的青年教师由于种种原因课时量不够，"想方设法找课上"，而有的青年教师则超额完成教学工作量，"不想上课也得上课"。

按照 B 大学的规定，教师每周平均课时应为 6 课时。从调查结果来看，有 25% 的青年教师每周平均课时≤4 课时，有 40% 的青年教师每周平均课时在 5—8 课时。这表明，有超过四分之一的青年教师处于"课时饥饿"状态，为了完成学校规定的教学工作量，这部分青年教师必须另谋出路，例如，承担成人教育的课程，接手一些其他教师不愿上的课程。而往往这些课程与青年教师的研究方向不相一致，再加上这些课程往往每学期不固定，有则上无则再找，这就使得这些青年教师在教学上付出了双倍甚至多倍的精力。与此同时，调查结果表明，35% 的青年教师每周平均课时≥9 课时，这部分青年教师显然处于"课时过饱"状态，换而言之，有 35% 的青年教师的实际教学工作量至少是 B 大学规定的教学工作量的 1.5 倍。

由于 B 大学是一所传统上偏向教学的大学，所以对教师的教学工作量一直有着较高的要求，并且在对教师的年度考核标准中，教学工作量是硬性指标，且不能通过其他条件转换。这就使得所有青年教师必须优先保证自己每学年的教学课时。近年来，随着 B 大学新招聘的大量青年教师的入职，如何保证新教师的课时量已经成为一个老大难问题。正是由于课时量不足，所以青年教师在课程上的选择权大大缩减，存在一定"给课就上"的现象，导致青年教师的专业方向与所教授的课程存在一定的错位。在调查中也发现，有 40% 的青年教师表示自己所承担的课程与研究方向不一致，48% 的青年教师表示自己所承担课程之间的相关性"比较弱"和"很弱"。这就印证了有很大一部分青年教师为优先保证自己的教学课时而使得所教授的课程门类过于泛化，而授课门类的泛化进一步加剧了难以保证教学质量的难题。

二、教学靠自我摸索，缺乏系统有效的在职培训

B 大学的教师并非都是师范专业出身，因此有的教师没有接受过系统的教学培训。尽管大多数教师都参加过入职培训，但是对于"如何教""怎么教"大都靠自己摸索或者自行向有经验的教师请教，尤其是任职初期，没有足够的教学经验积累，导致他们在教学过程中，无法达到理论和实际的完美结合，而改变这种状态所需的时间可能因人而异，从一两年到好几年不等。

从调查结果来看，有85%的青年教师表示，入职后曾参加过学校组织的教师培训活动，但还有15%的青年教师表示，入职后从未参加过学校组织的教师培训活动。在教学培训的需求上，高达90%的青年教师表示有必要为青年教师提供教学能力培训。在青年教师参加职后培训的最主要的三个动因上，调查显示位居第一的是提高教学水平的需要，位居第二的是完善并更新专业知识的需要，位居第三的是提高科研水平的需要。在教学培训的结果上，有70.6%的青年教师表示，实用，但还有29.4%的青年教师表示不太实用。在认为学校培训需要改进的地方上，位居前三项的分别是培训方式、培训内容、培训时间安排。在培训内容上，青年教师最希望获得的培训前三项分别是课堂教学设计与课程资源开发、教学方法、外语水平。在影响青年教师参加培训的主要因素中，位居前三位的分别

是缺乏时间、培训质量不高、缺乏动因。在学校方面，有45%的青年教师表示，学校安排的培训并不适合青年教师的发展需求。

教学能使年轻有活力的青年教师加快成长，但是教学技能的掌握则需要经历一个不断积累的过程。目前，相对职称较低的青年教师承担了全校主要的本科生教学任务，同时还承担一部分研究生课程，在教学工作上他们耗费了主要的精力。同时，学校开展的职后培训的培训形式、培训内容、培训人员以及考核方式都不理想，导致青年教师教学能力的在职培训并没有得到实效，从而影响了青年教师的教学水平。调查中发现青年教师的教学欠佳主要体现为三个方面：一是教学实施中，由于缺少实践经验，没有明确的教学理念，教学思路往往比较混乱，使得青年教师在专业知识和教学实施上无法做到得到很好地结合。第二，在教学组织上，青年教师的教学计划制订不全面，教学目标不明确，对学生的状态分析不透彻，缺乏一定的针对性，在课堂上与学生互动少，无法营造积极参与的学习氛围。第三，在教学行为上，青年教师往往备课内容较单一、效率低，对授课时间和进度把握不准，缺乏调动学生学习积极性的手段，在控制个人情绪和维持课堂纪律上缺乏经验①。对于如何制订教学计划，如何备课，如何编写教学大纲，如何活跃课堂气氛，如何把握授课节奏，如何与学生有效沟通等这些环节的经验，对于青年教师来说至关重要，如果能得到学校的有效指导，也许短时间内会使青年教师的教学技巧得到明显地提升，疏解青年教师心理上的教学压力。

---

① 姚红玉．新教师专业发展的趋势与策略［J］．教师教育研究，2003（6）．

三、科研压力大，学术发展的支持不足

高校教师既扮演着传统教师的角色——传道、授业、解惑，同时作为学者，又承担着所在专业领域的科学研究工作。学者为了在所在的学科领域达到一定的学术水平，除了要通过学科培养证明自己具备了从事学术职业的基本素质外，还要对学科体系做出贡献，并通过文本载体来实现①。兹纳涅茨基（Florian WitoldZnanieBki）在《知识人的社会角色》一书中指出的，"在每个高等学术机构，将连续的科学生产率与严格的学术标准结合起来是学术生涯公认的目的；毫无疑问，这一目的达到了。有科学生产能力的人，才能成为这种机构的永久成员；而在每一个擢升的阶段，他的每一个产品都要经受官方的成熟学者团体的细致批评，即使一篇普通文章或书评也不例外"②。

青年教师是大学未来的中坚力量，然而在目前的现实环境中，青年教师首先面对的是科研工作量巨大，其次是在科研发展和学术研究中常常遇到各种难题和困境。从调查结果来看，B 大学的青年教师参与学术科研活动的积极性明显高于参与教改活动的积极性，并且更多的青年教师表示在教学和科研中，更偏好科研，但青年教师的科研工作一点也不轻松。调查结果表明，多数的青年教师在正常工作时间内（周一至周五）平均每天从事科研工作至少 2 小时，

① 郭丽君. 大学教师聘任制——基于学术职业视角的研究［M］. 北京：经济管理出版社，2007：24.
② 兹纳涅茨基. 知识人的社会角色［M］. 郏斌祥，译. 南京：译林出版社，2000：92.

而在正常工作时间外，平均每天从事科研工作至少 1 小时，并且每周至少熬夜 1 次。同时，在调查中发现，有 75% 的青年教师表示在工作中面临的最主要的问题是工作负担重。

除了科研工作的负担之外，对青年教师而言，学术发展上的障碍也是其苦恼的来源。根据有关调查，高校青年教师开展科研工作最大的障碍之一就是科研方向不明。一方面，多数高校青年教师都是博士研究生，在研究生就读期间往往都跟导师做过一些课题研究，具有课题研究的经验及能力。但另一方面，因为刚刚入职，经验及学术经历不足，自己难以独自支撑来完成一些重大课题方向的选择，也难以拓展至更广的课题研究范围。再加上青年教师的时间和精力有限，除了耗费在教学工作上的大量精力，还要扮演着需要花费大量时间和精力的多重家庭角色，但是申请科研项目时必须首先要花费大量的时间查阅文献资料。因此，受时间、精力、经验的限制，青年教师没有时间去重新定位自己的研究问题，往往在科研工作中处于迷茫状态。

从调查结果来看，B 大学的青年教师在入职后近 3 年，主持或参与过 1—2 个科研课题的青年教师占比最高，为 57.5%，而主持或参加过 3—4 个科研课题的占比 25%。同时，B 大学青年教师所主持或参与的科研课题以校级居多，但其主持或参与的省部级和国家级课题只是略低于校级课题。由于调查的是青年教师主持或参与的科研课题情况，而非青年教师所主持的科研课题情况，因此我们也应该注意到，在访谈中对于"是否能申请到科研项目"的问题，青年教师大多表示很难单独申请到项目。在制度化的科研体制下，即使青年教师自身具备良好的学术能力，但是由于青年教师资历在校内尚浅，职称低，学术地位和知名度欠缺，课题申报经验不足等，从而在很多方面都缺乏竞争力，例如，科研项目的申请、科研经费的获取、论文著作的发表与出版等。那些高级别的科研项目，往往是由院系的资深教授申请到的，科研项目的统筹和组织均由资深教授掌握，青年教师一般是参与科研项目中，从事一些分配性的学术工作，这就使得青年教师的发言权和决策权相对较弱。"凡是能够被用来促进学术发展，加强学术竞争力的各种有形、无形的都是学术资源，具体而言，包括学术职位、建制、人员、经费、设施、项目、奖励、学术刊物等"①。因此，青年教师学术资源的严重不足，直接会导致许多青年教师缺乏开展科研工作必要的积极性和主动性。

当然，如果青年教师能通过一些重大项目加入学术团队，那么团队工作的方式也可以满足研究的需求，促进知识的整合创新，促使青年教师更快地实现学术成长。这也是为何"跟对人""跟对队伍"会对青年教师发展有重大影响。但是在现实中，一方面青年教师还处在学术职业的起步阶段，对学科、团队的重视程度不够，没有对加入学术团队特别关注；另一方面，青年教师的经验和资历，在其被学术团体的接纳上面临一些困难。这就导致很多青年教师处于散兵游将状态，缺乏学术带头人，也缺乏可供依靠的科研团队。长期的孤军作战，会让青年教师缺乏必要的科研归属感，也难以提高其科研水平。

---

① 查永军. 学术资源配置的大学学术权力与行政权力 [J]. 黑龙江高教研究，2011（3）.

四、评价与激励制度不合理，制约青年教师的发展

青年教师的发展是一个长期动态的过程，需要高校建立健全一种兼具约束与激励的制度体系。但是研究发现，B 大学的一些制度在一定程度上制约了青年教师的发展。

首先是评价制度。在 B 大学，实施的主要是奖惩性的教师评价制度。奖惩性的教师评价制度作为一种结果性、终结性的评价制度，往往是为了更好地管理教师绩效，按照教师的业绩与成果的考核结果，实施与之对应的奖惩，从而为教师的聘任、晋升、解聘提供参考。但是在真正的实施中，这一制度并没有发挥出预期的效果，反而表现出一些缺点。第一，侧重短期评价，容易造成青年教师急功近利；第二，重定量轻定性，如追求发表论文的数量，违反科研本质；第三，在评价内容上对青年教师发展缺乏关注；第四，评价对象仅针对教师个体，而缺乏对科研团队的评价。

其次是激励机制。激励既有在外在上采取启发引导、激励、奖惩等多方面措施，又有通过人的内在而形成积极努力的心理状态。为了让教师积极主动地工作、充分发挥才智，职称在激励青年教师中发挥着明显的作用，因为职称是教师素质和水平的外在表现，关系到专业成绩和水平是否得到了外在的肯定。但是在职称评定上，青年教师并不占优势。一方面，学校在物质激励上，缺乏客观科学的绩效考核。目前注重量化考核，例如，每学期必须上满多少课时，必须在哪一级刊物上发表多少论文，忽视青年教师真实的工作状态，极易导致考核的片面性；同时，总体上教师收入偏低。从纵向上看，青年教师的工资收入低于高职称教师的；从横向上看，教师的工资收入与外企、金融行业等员工的有较大的差距。高校的青年教师，虽然都受过高等教育，但是在生活上，都面临着"生存"问题，尤其是生活在北京，收入低一定程度上制约了青年教师教学与科研的积极性。另一方面，学校对精神激励重视不够。青年教师的内在需求并没有获得满足，缺乏对学校的认同感和归属感，容易产生职业倦怠，一定程度上阻碍了青年教师积极主动地提升自身素质。

第三节 B 大学应采取的相关对策与建议

一、建立多元化的评价制度，使之成为青年教师发展的有力保障

首先，评价内容上应多元化。高校的教师评价必须重视对青年教师的综合水平的评估，而不是一味把教学、科研作为唯一的考核内容。有些青年教师入职时间虽然不长，在教学科研成果方面可能不如中年教师有优势，但是他们或在学术上敢于创新，或教学方法独特，或者在与学生相处中令学生广受裨益。因此必须把教师评价内容由单一转变为多元；在重视青年教师工作量多少的同时，还要区分他们工作质的差别。有些青年教师担任的课程、课时可能不多，但有些课程对学生的发展有着不可低估的作用，不同的课程性质有很大的区别，不能单纯地根据课时的多少来判断一个教师的贡献是大是小。按照青年教师的能力大小，在物质层面产生合理的差距，鼓励他们积极进取。

其次，在评价主体上也应多元化。评价主体应该包含院系、同事、学生、教师个人四个层面。院系层面应该综合评价高校青年教师的教学、科研、道德等多方面；由于同事之间一起工作，同事层面应该综合衡量青年教师的专业知识水平、学术交流能力、师德行为规范等方面，可以和院系评价相得益彰；学生层面，由于青年教师与学生之间的课堂接触、课下交流，学生最能体会青年教师教学效果，因此学生评价对于青年教师教学的态度、教学效果最具发言权；教师自身层面，青年教师的成长过程是一个不断学习，积累经验，解决问题的过程，鼓励青年教师自省，从而更好地认识自己，发现问题，进而改进。

最后，评价层次也应多元化。例如，区分青年教师自身属于哪种类型——教学型教师、教学研究型教师、研究型教师；青年教师属于哪种岗位——教学岗位、研究岗位、技术岗位、辅助教学岗位；按照所需的精力、专业知识程度，青年教师所授课程属于哪种课程——专业课程、基础课程和公共课程。在对上述几个层次考虑详尽的基础之上，实施不同的评价。目前高校对教师的评价考核制度存在"重科研轻教学"倾向，这种"一刀切"的评价机制在客观上有利于那些科研能力较强的教师，却损害了那些教学能力较强而科研能力偏弱的教师的利益，不利于高校教学和科研工作的良性发展。高校应该针对不同教师的特点，实行分类管理和分类考核，针对每个层次青年教师的特点和压力状况，制订不同的评价方案，才能增强青年教师的工作积极性。

二、采取有效的激励措施，用以增强青年教师发展的动力

首先，运用多种外在激励，增强青年教师的归属感。物质激励

73

可以满足青年教师在工资、奖金、福利等物质层面的要求，但是由于要改变青年教师收入不高的普遍存在，还需要一定的时间。为了让高校青年教师对学校、对集体有更强烈的归属感，只能更加关注青年教师其他方面的需要，如帮助解决青年教师孩子上学问题。只有解决了青年教师生活上的难题，他们才能专心地工作。

其次，运用多种精神激励手段，满足青年教师的精神追求。内在的激励可以调动青年教师工作的主动性和积极性。因此，更应该重视他们的内在动力，高校应根据青年教师实际的精神需求为前提来制定相关的精神激励政策。青年教师在任职初期，刚刚实现从学生成为教师的身份变化，他们实际需要的是必要的工作信息、组织团体的融入、和谐的人际关系；之后，他们渴望得到学术方向上的明确，获得足够的学术资源，也需要在职培训来提升自己，为自己的职业生涯发展提供更好的规划；在教学与科研工作中，他们拥有更强烈的自尊心和荣誉感，希望在和他人的交往中，获得肯定，得到尊重和信任。因此，学校应提供给青年教师参与管理的渠道、表达诉求的途径，让他们体会到自己不只是处于被领导地位，仅仅是决策的执行者；要在细节中，彰显人文关怀，实现感情留人。高校必须重视两种激励方式的结合使用，并把内在激励作为主要手段，提供自我发展的舞台，满足他们自我实现的需要。

三、重视青年教师的继续培养，为青年教师发展提供助力

由于我国缺乏专门的高校教师培养机制，因此刚入职的青年教师——毕业于各大高校的博士生大多在入职前没有接受过系统的教育教学技能的训练，也没有实际的教学工作经验，走上教学岗位难免遇到这样那样的问题。因此，高校应该努力依托教师教学能力发展中心，做好青年教师入职培训和职后培训，切实重视对其教育教学能力的培养。同时，在青年教师前三年的教学工作中，安排教学经验丰富的老教师通过"传、帮、带"的形式对新教师进行一对一的指导。

为促进青年教师职业生涯的继续发展，第一，要合理控制教学工作量，使之能有充分的时间和精力进行学术研究；第二，要制定在职教育的激励政策，对于参加继续教育的青年教师给予物质支持，并对在继续教育中表现优秀的青年教师加以奖励或晋升；第三，提供多种学习机会，增加青年教师参加外出访问、参加研讨班或国内外学术会议的机会，使他们有机会满足自身更新知识的愿望，提高教学和科研能力。

同时，学校还要重视学术团队的建设，强化青年教师团结合作的意识。重视对学术团队的建设，强化青年教师团结合作的意识，鼓励他们积极地加入学术团队；组织学术沙龙，引导青年教师主动参加，互相交流探讨学术问题；组织讲座，邀请资深教授传授经验答疑解惑，提高青年教师应对工作家庭冲突的能力和科研能力。依靠既比较稳定又同心协力的研究团队，不仅可以让青年教师提升自身的学术研究能力，而且可以开阔青年教师的研究视野。团队中的这种支持、合作、共同研究的氛围，有利于加强对青年教师课题研究的引导，有利于调动青年教师学术研究的积极性，使他们在学术研究中能够重新创造自我。

四、引导青年教师协调教学—科研关系，合理制订自身的职业发展规划

上海大学校长钱伟长先生曾说过："教学没有科研做底蕴，就是一种没有观点和灵魂的教育。不教课，就不是教师；不搞科研，就不是好教师。"在调查结果中发现，更多的青年教师表示更偏好科研，这当然和学校评价体制中重科研轻教学大有关系，除了在评价和激励制度上进行改革之外，也要从学校层面积极引导青年教师认识到教学与科研是辩证统一的关系。首先，青年教师要在思想上认识到教学与科研相结合的必要性；其次，青年教师要在行动上将教学与科研结合起来，善于在课程教学中发现新的科研方向，同时学会利用科研促进教学。

其次，学校要积极协助青年教师制订合理的职业发展规划。高校青年教师处于职业生涯发展的初期，对于自身所从事的职业还处于一个不断认识与探索的阶段。因此，学校要让青年教师正确认识自己所处高校的类型——教学研究型、研究教学型还是教学型，把握高校未来的发展方向；其次，学校要帮助青年教师结合自身的个性特点、兴趣爱好、个人能力对自身进行合理的职业规划；最后，学校要引导青年教师认识到在职业发展的过程中应学会理性的取舍。一个人的时间和精力总是有限的，扮演过多的职业角色，往往容易产生冲突，要让青年教师着眼长远，协调教学－科研关系、工作－生活关系等。

综上所述，高校青年教师是高校教学与科研的生力军，对高校的发展起着举足轻重的作用，可以说，青年教师的发展与高校的发

展在一定程度上是相辅相成的。建设一支高水平的青年教师人才队伍，已是摆在每一位高校管理者面前的一项重要课题。在此背景下，满足青年教师发展的各种需求，才能深度挖掘高校青年教师的工作潜力与学校潜力，充分调动其工作积极性、主动性和创造性。因此，应该给予青年教师更多的关注与关怀，用新的视角来理解和关注高校青年教师的发展需求。

第四章

浙江省 C 大学青年教师学术生存现状、困境与对策

青年教师是地方本科院校师资队伍的重要组成部分和有生力量，加强对青年教师的培养已成为当前高校教师队伍建设中的战略性工作。本章通过问卷与访谈材料的分析，呈现了 C 大学青年教师科研与教学现状，以及学校对青年教师队伍建设的培训措施与现状，发现相比其他年龄阶段的高校教师，处于职业生涯发展初期的青年教师在学术科研、教学经验等方面都面临着多重挑战，因此应充分关注高校青年教师的发展，本章以浙江省杭州市 C 大学为例，通过对学校中各学院青年教师进行调研，了解该校青年教师的学术发展现状，并针对该校青年教师教学科研存在的困境及原因分析，尝试提出有针对性的改进建议，从而提高青年教师科研能力、教学能力，加强高校的师资力量。

第一节　C 大学青年教师学术生存现状与特点

C 大学位于浙江省杭州市，是一所由浙江省人民政府举办的中

国质量监督检验检疫行业唯一的本科院校，也是国际上唯一一所以计量命名的本科院校，是一所计量标准质量检验检疫特色鲜明、多学科协调发展的，并由国家质量监督检验检疫总局与浙江省人民政府共建的省属普通高校，2011 年入选教育部"卓越工程师教育培养计划"。C 大学源于 1978 年筹建的杭州计量学校，2016 年 3 月，更名为现名。截至 2018 年 3 月，该校占地 1580 亩，共有教学科研仪器设备总值 3.9 亿元，纸质图书 220 万册；下设 19 个学院（部），举办 1 所独立学院，开设有 52 个本科专业；共有专任教师 1257 人，全日制普通本科生 16382 人。

截至 2018 年 3 月，C 大学共有专任教师 1257 人，其中具有副高以上职称教师 675 人，具有博士和硕士学位的教师占 92.5%；有共享中国工程院院士 2 人，入选国家"千人计划"2 人，国家杰出青年科学基金获得者 1 人，国家百千万人才 3 人，教育部新世纪优秀人才 3 人，浙江省特级专家 3 人，浙江省"千人计划"4 人，浙江省特聘教授 5 人，浙江省教学名师 6 人；建有国家级教学团队 1 个，省级教学团队 5 个。

由于 C 大学的特殊情况，年龄在 40 周岁以下界定为"高校青年教师"①。本文通过对回收的调查问卷与访谈结果分析得到，符合以上条件的 C 大学的青年教师学术生存现状与特点主要为以下几方面：

---

① C 大学的相关数据来自该校的人事处。

一、C大学青年教师的现状与特点

（一）该校青年教师现状

（1）人数方面

40周岁以下青年教师为562名，占教师总人数1031的52%。

（2）性别比例方面

C大学为一所理工科为主的高校，40周岁以下青年教师中男教师较多一些。其中青年男教师343名，女教师为219名，所占比例分别为61%和39%。

（3）学历分布方面

因近年来高校对学历的要求水涨船高，C大学青年教师学历普遍较高，博士学位占79%，硕士以上占98%。

（4）学院分布方面

青年教师在C大学各学院的分布呈现一个"U"型：在学校核心学科与方向的较大型分院（如计测学院、质量与安全学院、机电工程学院）和较为年轻的分院（如标准化学院、马克思学院等）分布较为集中。

（5）教学科研岗位分布比例方面

按照近年来岗聘统计，C大学教学型青年教师约占84.7%，科研型青年教师约占6.9%，教学科研并重型青年教师约占8.4%。

具体数据请参见下表。

表4-1　C大学青年教师基本情况

（单位：人）

类型	组成结构	人数	总数	百分比
性别	男	343	562	61%
	女	219		39%
学历	博士	443	562	79%
	硕士	96		17%
	本科	23		4%
职称	正高	51	562	9%
	副高	208		37%
	中级	242		43%
	初级	62		11%

　　由上文可知，C大学教师总人数1031人，其中青年教师562人，占教师总人数的52%，说明C大学师资较为年轻。由表可知，在青年教师性别结构上，男青年教师人数稍多于女青年教师人数；在学历层次结构上，青年教师中拥有博士学历人数为443人，占总人数的79%，拥有硕士学历的人数为96人，占总人数的17%，拥有本科学历的人数为23人，占总人数的4%，说明该校青年教师拥有高学历层次的人数比重较大；在职称结构上，该校青年教师中，拥有正高级职称人数为51人，占青年教师总人数的9%，拥有副高职称人数的208人，占青年教师总人数的37%，拥有中级职称的人数为242人，占青年教师总人数的43%，拥有初级职称的人数为62人，占青年教师总人数的11%。

（二）该校青年教师的科研与教学特点

1. 该校青年教师的学术状况

高校是我国科学研究的重要场所，聚集着大量的科研人才，而高校青年教师作为重要的后生力量，是未来我国科研能力持续增强、拥有强大后劲的保障。调查从科研课题的数量、课题级别、工作中面临的主要问题和职称晋升等方面来了解该校青年教师的学术生存现状，具体调查结果如下：

（1）近三年参与的课题情况

科研课题数量：5 项及以上的占比 3.9%；3—4 项的占比 33.2%；1—2 项的占 56.4%；没有的占比 6.5%。

教改课题数量：5 项及以上的占比 0.76%；3—4 项的占比 2.1%；1—2 项的占比 27.64%；没有的占比 69.5%。

（2）近三年参加的交流研讨会情况

学术研讨会：7 次以上的占比 8.7%；4—6 次的占比 31.2%；1—3 项的占比 58.3%；没有的占比 1.8%。

教学类研讨会：7 次以上的 1.9%；4—6 次的占比 5.7%；1—3 项的占比 65.3%；没有的占比 27.1%。

2. 该校青年教师的教学状况

对 C 大学青年教师教学状况的调查分别从教学基本情况、教学能力素质提升等方面展开。其中，教学基本情况包括所承担的教学任务、承担的课程数量、周平均课时、教学工作量占工作量的比重、教学与科研的偏好程度、教学效果自评等方面，具体调查结果如下。

（一）教学基本情况

表 4 - 2 该校青年教师教学基本情况

	选项	比重
教学任务	本科生课程	69.7%
	研究生课程	2.5%
	本科生和研究生课程	21.4%
	未承担教学任务	6.4%
承担的课程数量	1 门	38.7%
	2 门	42.2%
	3 门	13.9%
	4 门及以上	5.2%
周平均课时	≤4 课时	11.3%
	5—8 课时	73.4%
	9—12 课时	8.6%
	≥13 课时	6.7%
教学工作量占工作量的比重	25% 及以下	11.5%
	26%—50%	47.8%
	51%—75%	28.3%
	76% 及以上	12.4%
教学与科研的偏好程度	偏好教学	19.6%
	偏好科研	13.1%
	教学与科研并重	62.7%
	无明显偏好	4.6%

根据上述数据，可以发现大部分青年教师每学期要承担 2—3 门课程，四分之三左右的青年教师的周平均课时在 5—12 课时，即大

约每周上 3—6 次课，大约占据了青年教师一半以上的工作时间。教学工作的任务是较为繁重的。反映到具体的教学工作量占总工作量的比重上，教学工作量占总工作量的比重 ≤25% 的青年教师为 11.5%，介于 26%—50% 的青年教师为 47.8%，介于 51%—75% 的青年教师为 28.3%，比重 >75% 的青年教师则为 12.4%。

在教学与科研偏好方面，19.6% 的被调查者偏好教学、13.1% 的被调查者偏好科研、62.7% 的被调查者偏好教学与科研并重、4.6% 的被调查者无明显偏好。

3. C 大学青年教师教学能力素质提升与培训

教师队伍建设是高校提高教育教学质量、培养创新人才的关键。教师队伍中，青年教师是教育教学的重要力量，也是学校可持续发展的重要保障。高校普遍关注青年教师培养问题，提升青年教师教学能力是学校的重要工作。

在对于青年教师培养与培训方面，经调查，C 大学还是非常重视的，主要体现在以下四个方面的培训措施上。

（1）新教师入职培训

为使新教师尽快熟悉和适应学校环境，明确自己的岗位职责，提高教学业务水平，尽快融入学校的集体之中并为学校的事业发展、为人生的事业而勤奋努力、踏实工作，C 大学每年面向全体新进教师举办新教师培训班。

对于新教师提出了要处理好学习与工作的关系，积极参加培训等的培训要求；并要求无特殊原因者，不得请假；因有课需请假的教师，须提前 1 天以书面形式向所在单位请假，并报人事处备案。培训结束后，每位教师撰写一篇学习总结，交所在部门汇总后，统一报人事处备案。专任教师（不含已取得教师资格证的教师）须参加教学技能测试。

虽然 C 大学非常重视新教师培训，但是在访谈中有老师谈到，这些针对新教师的入职培训虽然面面俱到，但与新教师的实际需求并不贴近，有点浮于表面。

（2）青年教师中期培训

为进一步提高教育教学质量，促进学校教学、科研和学科建设跨越式发展，C 大学关于师资队伍建设每五年都有一个较为详细的规划。

首先，明确本校师资队伍的现状。师资队伍建设力度不断加大，以学校超常规发展为契机，围绕构建学科体系、学位点及专业建设，以师资队伍建设为重点，以培养中青年学科带头人和中青年学术骨干为核心，抓好教师培养和人才引进工作。强化职称评审工作，认真落实"坚持标准、保证质量、全面考核、择优晋升"的方针；坚持以教学为中心，以培育中青年骨干教师为紧迫任务，重点评聘在教学、科研、管理岗位上取得优异成绩的中青年业务骨干，鼓励优秀青年教师脱颖而出；注重评审对象的敬业精神、师德师风，优化教师队伍和专业技术队伍的职称结构。师资队伍结构日趋合理，学历层次明显提高：从职称结构、从学历结构、从年龄结构等多方面分析本校教师队伍。年富力强的中青年教师构成了师资队伍的主体，具有较大的发展潜力。从学缘结构看，教师队伍来源的多样性，有力地促进了学术的交融和教学科研水平的提高。

第二，有针对性地找出该校教师队伍存在的不足和问题，提出相应的师资队伍建设的措施。加强师德师风建设，提高教师的职业道德水平。努力建设健康向上的校园师德氛围，促使教师遵守职业道德规范，增强职业责任感，不断提高思想政治素质和业务素质，教书育人、为人师表。完善相关政策，体现正确导向，建立长效机制，为师德师风建设提供制度保障。

实施人才强校战略，壮大人才队伍。树立人才资源是学校第一资源的观念，切实把人才工作摆在学校改革发展的突出位置。坚持以学科建设为龙头，以高层次人才队伍建设为核心，优化配置人才资源，充分发挥人才在学校跨越式发展中的核心作用。大力引进优秀人才，扩充教师队伍。发挥政策优势，以广阔的视野、开放的理念，加大投入，在校内挖掘培养拔尖创新人才的同时，更注重向海内外招聘大师级人才、高层次人才及团队。大力引进新兴学科和补短学科的拔尖人才，特别是集中力量引进高于我校现有人才学术水平的拔尖人才。同时，通过聘用国内外知名高水平大学和高水平学科的优秀博士生，壮大教师队伍。

第三，加快青年教师队伍建设，培养中青年学科带头人后备力量。青年教师队伍是实现学校师资队伍可持续发展的关键。采取有效措施，着眼于培养、支持一批学术基础扎实、具有创新能力和发展潜力的中青年优秀人才，克服论资排辈的传统观念，为青年教师创造平等竞争的氛围，激发他们参与竞争的意识；三是认真落实青年教师导师制的有关规定，加强对青年教师教学技能的培养，以"教学—科研两手抓"的模式培养青年教师，鼓励他们在教学科研、教书育人上多做贡献，充分施展聪明才智；四是完善培训制度，发挥政策和经济杠杆的作用，调动青年教师接受继续教育的积极性，全面提高素质；五是继续实施评选"青年园丁奖"等奖励措施，增强他们的荣誉感和自信心。

（3）青年教师学历培训及在职进修培训

为进一步提高教职工队伍的整体素质，加快师资队伍建设和培养步伐，促进教职工进修培训工作的制度化、规范化，结合学校实际，制定了 C 大学教职工进修培训管理办法。

本着进修培训内容原则上须与本岗位工作需要相一致的进修培训原则，立足岗位、突出重点、按需培训、注重实效。对于进校工作满 1 年，且年度考核为合格的专任教师，采用学历（学位）进修、攻读博士研究生或硕士研究、非学历（学位）培训：岗位培训、业务技能培训、骨干教师培训、国内访问学者、国内从事博士后研究等多种进修培训形式。对于其他非教学科研岗位教师，凡进校工作满 3 年，且年度考核至少有 1 年为优秀的教师，均有资格。攻读博士研究生者，须具有良好的个人基本素质和深厚的专业基础，富有培养和发展潜力。

对攻读全日制博士学位研究生者，在规定学制时间内获得学历的老师进行经费资助。对于攻读非全日制博士学位者，在规定学制时间内获得学位，学校予以资助学费的 70%（总额不超过 2.52 万元）；未取得学位，不予资助学费。在规定学制时间内获得学历和学位，学校资助学费的 70%（总额不超过 1.68 万元）；取得学历或学位证书之一，学校资助学费的 50%（总额不超过 1.2 万元）；学历和学位均未取得，不予资助学费。学校原则上为每位职工资助学历（学位）费用一次。对连续攻读硕士和博士研究生者，资助学费总额同样不超过 3.6 万元。今后学校不再资助攻读本科及以下学历（学位）学费。

其他非学历（学位）培训中，岗位培训。包括教师教育理论培训、上级要求的辅导员岗前和职业技能培训、会计继续教育培训等，一次性培训通过并取得培训证书的全额报销培训费用。职业资格培训。经批准参加人力资源与社会保障系统认可的职业资格培训，成绩合格并取得职业资格证书，学校一次性报销培训费用的30%（总额不超过0.5万元）。国内访问学者，入选教育部高等学校青年骨干教师国内访问学者（A类访问学者）的全额报销培训费用。国内从事博士后研究，在规定时间内出站全额报销培训费用。

以上C大学对于青年教师学历培训及在职进修培训，在访谈中显示，还是给予了该校青年教师一定的培训和学习进修上升空间，对于提高青年教师的教学科研能力有较大的帮助。

（4）青年教师专业技术培训

结合该校实际，以优化教师队伍结构，提高教师队伍整体素质为目标，C大学对于青年教师专业技术资格培训与评审，也有一套专门的规定与政策。

以事业单位岗位设置和职务聘任制改革为契机，充分发挥专业技术资格评审的导向作用，突出教学工作的中心地位，充分调动教师工作的积极性和创造性，更好地为提高学校教学科研水平和人才培养质量服务。

以进一步落实教学工作的中心地位来制定评审工作有关政策，教师的首要任务是教学。要把为本科生、专科生授课，完成学校规定的教学任务作为晋升教师专业技术资格的必备条件。建立教学成果与科研成果等效评价机制，教学成果奖、教改项目、精品课程等在专业技术资格评聘中与科研成果、科研项目一视同仁。进一步完善教师教学工作业绩考核制度。对在编的具有教师系列专业技术资格的教师进行每年（学年）一次的教学工作业绩考核，考核结论作为教师专业技术资格评审的重要依据。在近三年（学年）教师教学工作业绩考核中，有二年（学年）考核为 D 或最近一年考核为 E 者，不得申报高一级专业技术资格。近五年教学工作业绩考核累计三年为 A 者，优先晋升高一级专业技术资格。

同时进一步加强师德师风、学风建设。根据《C 大学师德师风考评办法》，各单位加强对师德、学风的考核，完善专业技术资格评价体系，严格执行"师德、学风一票否决制"，避免急功近利，克服浮躁心态，真正将师德、学风建设落到实处。

先参加工作后取得规定学历的人员，取得学历前后的任职时间可以相加计算，达到任职时间要求的，可以申报高一级专业技术资格。学历、任职年限未达到评审要求须破格申报，但一般不允许学历和任职年限双破格申报。破格申报高一级专业技术资格的教师，近三年（学年）教学工作业绩考核必须有一年为 A，对于科研成果、社会贡献特别突出者，教学工作业绩考核也须连续为 B 以上。破格申报高一级专业技术资格的研究、实验等非教师系列专业技术人员，近三年以来年度考核必须有一年为"优秀"。

第三，严格评审程序、严格评审纪律。各单位要严格执行国家和省有关专业技术资格评审的规定，按照公开、公平、公正的原则，建立评审诚信机制，严把质量关。申报人员的评审材料、评审结果，学校以一定的方式在校内进行评前公示和评后公示，公示期不少于 7 个工作日。公示有异议的，学校将认真调查核实。对有弄虚作假、营私舞弊者，取消当年申报资格或已取得的专业技术资格，并从次年起3年内不得申报专业技术资格；对参与专业技术资格评审各个环节的工作人员，如与上述作假、舞弊行为有关，将予以严肃处理。

（5）青年教师出国进修与培训

为加快实施"人才强校、特色名校"战略，着力培养和造就一支适应学校事业发展需要的教师队伍，增强教师的国际化视野，促进教师教育教学能力和科学研究能力的提升，C大学教师出国（境）访学研修"翔宇计划"管理办法。面对于该校所有在编在岗的教师。

各二级学院和教师要积极创造条件，充分利用各级政府部门、国家留学基金资助和科研项目国际合作等多种途径，开展各种形式的出国访学研修。省"重中之重"学科、省人文社科基地、浙江省"十二五"重点学科要充分利用学科建设经费，结合学科建设任务及师资队伍发展需要，每年资助一定数量的教师出国（境）访学研修。学校积极争取浙江省提升地方高校办学水平专项资金用以支持教师开展出国（境）访学研修。学校设立骨干教师培养专项经费，与二级学院实行1∶1配套共同资助教师出国（境）访学研修。

教师出国（境）访学研修分为政府选派、学校选派和教师自主出国（境）三个类别。政府选派的教师国外生活费及国际旅费按项目资助规定执行，由相关资助主体提供资助经费。学校选派的教师国外生活费及国际旅费，参照国家公派留学人员奖学金资助标准进行资助。未能纳入经费支持的国内旅费可在本人负责的课题经费中列支。教师自主出国（境）访学研修的国外生活费及国际旅费，由教师个人承担。

政府、学校选派的教师出国（境）访学研修期间，享受基本工资和基础性绩效工资并按月发放。访学研修期限超过6个月以上的，所在学院可根据实际情况制定考核办法，完成考核要求的，全额发放岗位绩效奖励；超工作任务的部分享受浮动绩效奖励。自主出国（境）访学研修教师的基本工资和基础性绩效工资次月起缓发，待其学成回校工作后，根据其国（境）外研修情况的考核结果，学校给予补发。出国（境）研修期间，所在学院可根据学院和出国（境）研修人员的实际情况确定科研工作量考核要求。完成考核要求的全额发放岗位绩效奖励，超工作任务的部分享受浮动绩效奖励。未确定科研工作量考核要求的，其实际完成的教学科研业绩点可按照3000元/点标准发放酬劳。

教师出国（境）在职攻读博士学位的，攻读学位单位必须是教育部承认学历、学位的国（境）外大学或科研院所。对出国（境）攻读并获得博士学位后回校工作的教师，学校予以报销不超过36000元人民币的培训费，并给予一定的科研启动费。出国（境）访学研修的教师，无正当理由，在批准研修期结束后没有回校工作的，学校予以停发工资；逾期不归超过半年以上的，按照自动离职处理。

C大学对于教师出国出境进修和培养虽然创造了一定的条件和的环境，但是对于进校年限不占优势、职称级别低的青年教师来讲，能够争取到的机会并不很多。

4. C大学青年教师考核情况

为进一步完善教职工自我约束机制和激励竞争机制，正确掌握和客观评价教职工履行岗位职责的表现和实绩，C大学每年度都对专任教师进行教学科研与专业技术考核，以及师德师风两方面的考核。

各教学教辅单位应成立考核工作小组，机关党委组织成立机关考核工作小组，分别负责各单位和机关部门的考核工作。参加工作时间不满半年的人员应参加考核，只写评语，不确定等级。从外单位调入学校不满半年的人员，以其进校以来的现实表现和在原单位本年度内的工作业绩为主要依据。

各学院（部）结合本单位具体情况制定师德师风考核细则，重点考查教师在"坚持方向、爱岗敬业、严谨治学、精心施教、热爱学生、教书育人、为人师表、团结协作"等方面的表现，引导青年教师以高度的责任感和敬业精神，努力履行教育教学和科研等岗位职责。师德师风考核优秀控制在实际参加考核人数的25%。

教职工考核以岗位职责为依据，以岗位管理为核心，以德、能、勤、绩为基本内容，坚持公开、公正、客观、规范，实行平时与定期相结合、定性与定量相结合，对教职工的思想政治表现、职业道德、工作态度、工作业绩和履行职责情况进行全面考核，重点考核工作实绩。考核结果分为优秀、称职、基本称职、不称职四个等级，考核结果作为岗位聘任、职务评聘、奖惩、工资晋升和津贴调整等的重要依据。

非教学科研人员以定性考核为主。机关部门和教学教辅单位非教学科研人员的考核，根据岗位职责，在个人陈述总结报告后开展本部门人员间互评，根据《非教学科研人员业绩考核测评表》的相关指标给出测评分，测评结果作为考核的重要依据。各教学单位也可根据岗位分工情况，参照《非教学科研人员业绩考核测评表》的相关指标，自行制定非教学科研人员的考核办法。

第二节 C 大学青年教师学术生存困境与成因分析

近几年来，C 大学青年教师数量和比例不断增加，40 岁以下的青年教师队伍不断壮大，他们绝大多数工作在教学、科研第一线。青年教师总体学历较高，绝大多数拥有硕士及以上学位。这些教师进校前都接受过高等教育学、教育心理学、高等教学管理学等方面的培训。

高校青年教师的学术生存境况并非如一般人眼中认为的大学老师是"知识水平高、经济收入高、社会地位高"的"三高"群体，事实上，身处象牙塔内的高校青年教师面临着一些人们不了解的困惑和艰辛。

通过对 C 大学各学院青年教师的访谈、问卷调查结果统计以及分析，总结 C 大学青年教师学术生存主要存在以下困境：

一、工作负担重

接受访谈的 27 位青年教师中，有 78% 谈到了平时授课任务较重。回收的 63 份问卷显示，有 72% 及以上的同学在 19 题"在工作方面，您面临的主要问题是"的答案上有明确勾选"工作负担重"这个选项。

为何 C 大学青年教师中有较大范围的反应工作负担重，究其原因主要有如下几点：

青年教师相对老教师而言，进校时间短、普遍职称较低，大多数集中在讲师阶段，少数为助教，只有小部分人达到了副教授职称。而高校的大部分教学任务是中低职称教师完成的。问卷调查和访谈结果显示：讲师与副教授阶段的 C 大学青年教师平均承担 2—3 门、每周平均 5—8 学时的本科生与研究生教学，每周平均教学工作量的确比较繁重。

因学校计算测量、质量安全、标准化等专业性较强，近几年 C 大学生源招收较为充足，学生数量连续几年呈上升趋势，虽然学校每年也在不断招收新的教师，但生师比依然居高不下，导致教师们，尤其是青年教师的授课任务较重。

最大的压力来自科研，据调查，大多数高校把职称和职务晋升与发表论文数、出版专著数、申请课题数等"量化指标"直接挂钩。与此同时，有"学术工蜂"之称的高校青年教师用于科研的时间会被教学、教学任务、学校评估等各项工作挤压。相当部分的受访青年教师认为自己教学以外科研的时间"非常不够用"。

二、科研经费不足、经济与生活压力较大

在高等教育大众化进程中，教师的经济收入尽管有所提高，但影响高校教师对教职信心的首要因素仍然是收入水平偏低。地方高校中，青年教师面临的生存压力使之对目前的生存状况不太满意。除开日常的衣食住行花费，每月留下来的钱并不多，为了增加收入，一些教师会兼顾起其他工作，放在教学、科研上的精力也就有所减少。

在对访谈与回收的问卷整理和分析后发现，仅次于工作负担重的困境即科研经费不足、经济与生活压力大。分析其原因主要在于如下一些方面。

在科研课题申报与论文发表方面,学术评审机制对青年老师的关注较少。科研经费和学术资源会向高校中高职称的教师和较有学术成就的教师靠拢,青年教师即使是实际研究主力,却很难担纲重大课题,同时也很难独立署名在核心期刊发表文章。

访谈显示,相当部分的 C 大学青年教师的日常工作主要包含几个部分:第一,是所在课题组负责人分配的工作,包括课题相关的科研任务,以及帮课题组负责人带的硕士生修改论文、选课、答疑等。第二,是学校安排的工作,包括一定课时的教学任务,还有学校的各项评估考核等。这些工作虽不难,却很耗时。如教学,为了上好一堂课,可能需要教师一周的时间来备课。而一到评估、考核的时候,可能要花费一整天的时间。第三,是自我提升,包括参加学术活动、自主研究。对于青年教师来说,这是最重要的一个环节,既关系到职业长期发展,也影响教学质量。但是这部分工作短期内不能产生效益,反而需要经费的支持。然而现实中却很难得到经费的支持。

青年教师做这几项工作花费了绝大多数的时间,自己独立科研的时间非常有限,没有独立科研成果,便无法通过职称评测;但如果放弃给课题组负责人工作或者教学任务完不成,相当于切断了科研经费和家庭收入来源。这更让青年教师陷入两难的困境。

不仅 C 大学的青年教师,甚至整个高校青年教师群体普遍处于成家立业、小孩出生的阶段,无论个人生存和事业发展,还是家庭生活与生存,都急需经济与经费的支持,然而现实状况却是十分严峻。这一点在受访的青年男性教师中反映更加明显。

青年教师在地方高校中的地位，无论是学术上、经济上还是其他方面，其所拥有的资源数量少，质量有待提升，而往往这种资源能带来职业发展的现实利益和荣誉。

三、职务、职称晋升难

职称是为高校教师学术职业而设计的一套学术职业阶梯，是高校教师学术价值的形象化表现。大学教师的学术职业阶梯（职称）晋升，一方面需要以大学教师的学术水平不断提高为前提条件，同时还需要发表一定数量的论文、主持科研项目和获得一定级别的教学科研奖项；另一方面，也能反过来给大学教师带来更多的学术资源，促进其取得更大的学术职业发展。一般而言，教授与副教授相较于讲师与助教，前者的学术水平更高，也能获得更多的学术资源，更易取得更大的学术职业发展，青年教师的职称大多为讲师甚至是助教，处于学术职业金字塔的基础位置。

首先，因为上述的平时教学、科研工作负担重、科研课题申请与经费申请困难、支持不足，青年教师自身独立科研的时间非常有限，难以完成独立的科研成果，职称评测、职称晋升和职务上升都面临困境，甚至陷入一个恶性循环。这一点在问卷调查结果以及访谈过程中都有较为明显的反映。

其次，地方高校高级职称指标有限，青年教师需花较长时间等待学校高级职称位置空缺。教育部与人事部 2009 年决定在高等教育系统内部进行人事改革，实行"定岗定编"政策，规定每个高校的副教授与教授岗位为一定数量，如果之前的副教授与教授没有退休及产生岗位空缺，具有中低职称的青年教师则不能申报副教授或教授职称，在这种情况下，青年教师只能无奈地选择较长的等待。

第三，青年教师也会因为缺乏社会资本很难获得参评资格。大多数地方高校没有副高或正高的职称评审权，青年教师参评高级职称首先需要获得所属高校的推荐资格。与具有自主评审权的部属高校在职称评审时更注重教学与科研的综合得分不同，地方高校在高级职称参评资格分配时，虽然主要根据教学与科研成果进行，但也会受到一些其他因素的影响，青年教师往往因为社会资本不足而很难获得参评职称的资格。

四、所处的学术阶层位置低、相对封闭

"211"与"985"高校学术场域的层次性高，学科实力强大，学术组织的声誉较高，身处其中的青年教师凭此相对更易获得更多学术资源与取得更大的学术职业发展；而地方高校学术场域的层次性较低，学科实力不强，学术组织的声誉不高，身处其中的青年教师，其学术职业发展在发展机会、研究平台、学术资源获取方面都明显不如部属高校青年教师。因此，在一定程度上可以说，地方高校学术场域的低层次性决定了地方高校青年教师的学术职业发展空间有限。另一方面，学术场域的封闭性不利于地方高校青年教师学术职业发展。学术场域的封闭性指学术场域与其他学术场域之间、学术场域内部各学术职业者群体之间，不能进行学术合作与学术资源共享，学术信息流通不畅。地方高校学术场域的封闭性主要表现在对外封闭与对内封闭两个方面。第一，对外封闭。学术职业是一种创新性较强的职业，需要从业者经常与国内外学术同行进行沟通交流，碰撞出思想的火花，激发学术灵感，把握学术前沿，产生更

多更高质的学术成果。地方高校青年教师缺少与外界进行学术交流的机会，不能及时了解学科前沿动态。学术场域的对外封闭性，不仅降低了青年教师开展学术研究的热情与积极性，也局限了他们的学术视野。第二，对内封闭。与"211"或"985"高校相比，地方高校更有可能通过学缘关系招聘教职员工，逐渐形成以亲缘关系与学缘关系为纽带的"家族式"治理结构，场域内各种权力、权益、利益、群体、关系不仅交织错落，而且相互封闭。青年教师的学术职业发展不仅基于地方高校为其提供的群体归属，也与青年教师在该场域中各种关系纠结而成的层级结构中的客观位置相关。一般而言，刚出一个校门又进入另一个校门的青年教师，对这些错综复杂的关系网络不能正确把握与巧妙运用，也不能进行正确群体归属定位，从而在一个存在较多隐性规则且对内封闭的学术场域中，无法进行正确的学术职业规划，不利于其学术职业发展①。

五、缺乏学术带头人引导

通过对访谈与回收的问卷整理与分析，缺乏学术带头人是较为集中的反映中的最后一项。访谈中有多位青年教师表示，虽然也有课题组负责人分派工作任务，但"传帮带"的帮助和引导作用小。相当部分的青年教师为了使职称从中级的讲师上升到副教授，把教学工作之余的大部分时间花在了科研上，但其中真正用在科学研究和思考上的时间很少，大部分又花在"写标书、找发票报销"上，团队上缺乏支持、方向上缺乏学科带头人的引导，有时有些"盲目而茫然"。

---

① 陈祥东. 地方高校青年教师学术职业发展困境及其超越［J］. 长沙理工大学学报（社会科学版），2013，28（3）：132.

分析其中的原因，主要在于，在现有的高校考核与评价机制中，并没有明显体现对年轻教师培养的重视，虽然有一些教学团队、科研团队考核中涉及一些相关条款，但是并没有明确的要求和奖惩制度。在现实中，高职称的教师和较有学校成就的教师并没有重视和落实对青年教师的"传帮带"和培养。

第三节　C 大学应采取的相关对策与建议

高校青年教师肩负很大的责任，在为党和国家培养未来的接班人。同时高校青年教师的健康发展，也关系着高校的学术品格和教学质量。关注他们的生存和发展意义重大。改善高校青年教师的学术生存环境刻不容缓。鉴于此，就问卷调查与访谈结果的分析，目前 C 大学已经在着手进行的改善本校青年教师的措施主要有以下几方面。

一、合理安排课程与引进教师

针对青年教师工作负担重的问题，可通过合理调整与安排课程，得到一定程度的缓解。例如，加大高级职称如教授与副教授给本科生上课的力度，在教师总量不变的前提下，可以对减轻青年教师任课负担与工作负担有一定的缓解作用。

与此同时，可根据现有教师队伍的结构，在一定时期内适当引进优秀的青年人才，充实与壮大青年教师队伍。同时对引进青年教师的学缘结构要提出明确要求，特别是设定面向全球招聘教师的比例与要求，重点招聘具有在海外高水平大学学习或访学经历的优秀青年学者。建立高校与高校、高校与研究所之间的博士毕业生交流和互换机制，优化教师队伍。博士毕业生并非高校教师的唯一来源，在科研院所或企业工作的专业技术人员也是高校教师重要的补充来源，也有利于教师专业知识和智能结构的互补。这样一支高素质的青年教师队伍的建立，对于减轻青年教师任课负担与工作负担也有重要的意义。

二、加强青年教师师资培养

实施青年教师分阶段培养制度。目前我国高校对青年教师的培训以入职初的集中统一培训为主，培训内容和形式单一，缺乏系统性和针对性，无法有效满足青年教师发展的需要。国务院 2012 年颁发的《关于加强高校青年教师队伍建设的意见》（国发〔2012〕41号）明确要求高校"建立健全新教师岗前培训制度和每 5 年一周期的全员培训制度"。

根据莱文森的高校教师职业发展阶段理论，高校可对新入职 2 年以内的教师，入职 3—5 年的教师和 5 年以上的教师实施"分阶段"培训。应重视个体发展，创造促进青年教师成长有计划、有组织的培训。为新入职 2 年以内的教师提供"新教师适应培训"，介绍大学及学院的信息，熟悉学校教学、科研管理制度，了解学校学术晋升、奖励、评价等基本规则，帮助新教师尽快适应环境，缩短融入学校和院系的时间，增强新教师学术生存能力。为入职 3—5 年新教师提供"教学发展"培训和"专业发展"培训。"教学发展"培训主要有针对性进行教学基本技能和方法的训练，提供教学咨询，包括对班级组织、学生管理、教学技能、师生关系、考试测评等进行咨询、指导;"专业发展"培训主要提供职业规划和各种学术专业技能方面的帮助,如申请课题项目书的撰写、科学研究方法训练、研究项目结题报告写作、专著出版等一系列大学教师从事学术工作所需的活动。为入职 5 年以上的青年教师提供"个人发展"培训,包括个人身心健康、人际交往技巧、压力和时间管理、自信心提升等一系列与青年教师个人身心相关的活动。由此形成衔接有序的,能满足不同发展阶段青年教师成长的培训方案。

地方高校要充分了解青年教师的个人需要和职业发展意愿,为其提供适合其要求的学术职业上升道路。只有青年教师能够清楚地看到自己的发展前途时,他们才有动力在学术道路上辛苦耕耘收获成果。为此,学校要创造条件,有计划地让青年教师参加各式各样的专业进修、培训、交流以及学历补偿教育等活动,以便更新知识,提高技能,提高教师的业务素质。当前许多地方高校出于防止人才流失的目的,对青年教师攻读高级学位制定了若干限制性措施,却未能取得理想的效果。地方高校不妨把这种堵的方式变为疏导和激励的方式,转变教师发展观念,不再把青年教师视为学校所有的附属产品,认同教师学术工作的相对独立性和追求专业提升活动的正当性,把学校战略发展目标与青年教师的个人发展目标结合起来,使青年教师发展与学校发展在一个更广阔的学术视野中,在目标建构上趋于一致,在一个良好的制度环境中加强青年教师对大学的认同。

三、青年教师自身要充分发挥主观能动性

第一,地方高校青年教师在暂时无法超越困境时,应立足地方

高校这个层次与封闭性较强的学术场域，根据所属高校的定位寻求相应的发展机会，克服各种不利因素，以主动、积极的心态开展科研工作，努力出版专著、发表论文与申报科研课题，提升自身科研能力。

第二，青年教师要重视学术职业生涯规划。科学合理的学术职业生涯规划，可以帮助地方高校青年教师对自身的价值进行定位，树立明确的学术职业发展目标，正确评估个人目标与现实之间的差距，学会运用科学的方法不断增强自身学术职业竞争实力。为此，青年教师要认真准确分析自己的优势与学术发展方向，积极主动了解各种与个人学术职业发展相关的信息，把握学术职业不同阶段关键因素，制订具体可操作的行动方案，在执行方案的过程中不断进行调整与完善。

四、搞好团队建设与制度环境建设

目前我国高校教师队伍结构已呈现出"年轻化""博士化"趋势，这对青年教师培养工作提出了新要求，应以师德和学术专业能力提升为青年教师培养目标，针对不同发展阶段的青年教师实施分阶段培养，建立校、院、系三位一体的校本培养模式。高校教师发展机构与专业院系之间建立起联系，设计和开展具有专业针对性的大学教师发展活动，能调动基层院系的积极性，提高不同学科青年教师培养实效。系主任在青年教师发展实践中扮演着重要的角色，鼓励系主任投入更多的精力指导和支持青年教师发展。基层教学教研组织也应在青年教师培养体系中发挥基层团队的带动作用①。

对于处在发展转型期的地方高校，建立一套适合学术组织运行逻辑的场域规则，营造一个良性竞争的制度环境。充分给予青年教师自主权，引导他们在学术职业发展初期以学术目标为其追求的动力，根据学术职业的工作性质和特点为青年教师的发展提供合适的途径、方式并给予制度上的设计与安排。唯其如此，才能从根本上促进青年教师的健康发展，保持、稳定、培养与扶持学校可持续发展赖以维系的这部分重要学术人力资源。

首先，地方高校应着眼于创设宽松、自由、和谐的学术氛围，提供自主创新的工作环境。学术职业的工作性质不是简单的模仿和复制，而是来自教学和科研活动中的不断创新。学术无法计划，学术人才只有在适合人才生长的环境中才能成长。地方高校目前对教师尤其是青年教师的发展自主权尊重关注不够。地方高校应转变管理思想，尊重学术人员的自主性，提供"宽容"的政策，营造"宽松"的学术环境和氛围，提供相对"宽裕"的生活和工作条件，让教师在好的"软"环境里心情愉快地工作、学习、生活，使外在的制度、条例的控制转化为学术人员的自我调节和自我控制，从而内在激发学术人员的积极性、创造性，让青年教师冀日有成。

针对目前地方高校周期过短且频繁的考核评优、量化评价指标体系的控制压力使青年教师很少能够按捺住来自利益需要的冲动，保持一份平和的心态献身于学术的情况，地方高校在管理制度中引进适当、合理的竞争机制不仅必要而且必须，但同时应多一些对思

---

① 张安富，靳敏．高校青年教师队伍建设的系统思考［J］．中国大学教学，2015（3）：69．

想的宽容和对学术独立人格的关注。地方高校在组织管理中应尽可能聆听青年教师的声音，采纳青年教师的合理建议，保障青年教师的合法权益。在高等教育大众化的进程中，地方高校的管理也日益复杂，管理机构逐渐庞大，科层化倾向越来越突出，并全面渗透到学术领域。地方高校在制定涉及教师切身利益的重要制度和政策时，如教学、科研、分配和人事等，应吸收一定比例的青年教师代表，让青年教师有机会参与学校的管理活动，表达他们群体的利益诉求。

第五章

浙江省 D 学院青年教师学术生存现状、困境与对策

本章将以浙江省 D 学院为例，通过开展问卷调查和访谈来对学校中各学院青年教师进行调研，以此来了解该校青年教师的学术发展现状，并对青年教师的学术困境与问题进行深入分析，最后有针对性地提出对策与建议。

第一节　D 学院青年教师学术生存现状与特点

浙江省 D 学院在浙江省会杭州市，是一所公办专科层次的高等职业技术学院。学校占地面积近 600 亩，建筑面积逾 23 万平方米，在校生 11000 余人。现有教工 600 余人，其中专任教师 448 人，二级教授 4 人，正高职称 46 人，副高职称 148 人，博士 12 人，硕士及以上学位的教师 425 人，"双师素质"教师达 86.42% 以上。D 学院为全国首批现代学徒制试点高校、浙江省首批省级示范性高等职业院校和浙江省首批优质高职院校。D 学院强化商科特色专业建设和商

科人才培养特色建设，秉持"依托行业办学、校企合作育人"的办学方针，走校企合作办学道路，建有十余个校企合作学院，累计开设近百个校企合作订单班。

一、高职院校青年教师基本现状与特点

D 学院现有青年专任教师 232 人，占专任教师总数的 51.79%。性别结构方面，男性青年教师 81 人，占青年教师总数的 34.91%，女性青年教师 151 人，占青年教师总数的 65.09%；学历结构方面，博士 5 人，占青年教师总数的 2.16%，硕士 210 人，占青年教师总数的 90.52%，本科学历 17 人，占青年教师总数的 7.32%；职称结构方面，正高职称人数 9 人，占青年教师总数的 3.88%，副高职称人数 52 人，占青年教师总数的 22.41%，中级职称人数 136 人，占青年教师总数的 58.62%，初级职称人数 35 人，占青年教师总数的 15.09%。

表 5－1　D 学院青年教师基本情况

（单位：人）

类型	组成结构	人数	总数	百分比
性别	男	81	232	34.91%
	女	151		65.09%
学历	博士	5	232	2.16%
	硕士	210		90.52%
	本科	17		7.32%
职称	正高	9	232	3.88%
	副高	52		22.41%
	中级	136		58.62%
	初级	35		15.09%

基于近五年相关数据，高职院校青年教师呈现如下特点。

1. 青年教师数量相对稳定，质量稳步提升

由上述数据可见，D学院青年教师总数约占专任教师总数的一半。在青年教师中，女性教师人数居于绝对地位；学历结构中，具有硕士学位的人数占有绝大多数，博士和本科学历较少；职称结构中，一半以上的青年教师均为中级职称，次多的为副高与初级职称，具有正高职称的人数最少。

高等职业教育作为高等教育的半壁江山，自办学规模大发展以来，自我探索与突破从未停止。先后历经国家示范院校建设、国家骨干院校建设、优质高职院校建设计划等，高职院校全面提升了办学品质与境界，师资队伍的职称结构、学历结构等较之前发生了质的飞跃与改观。但另一方面，就高职教育本质特性与社会适应性而言，弱化学科概念，紧密对接经济社会需求，专业设置与市场需求同步甚至超前，高职院校对教师的专业、学科、学历、职称等方面的要求常与其师资来源匹配度相差较大，加之高职院校的平台资源吸引力不足等原因，往往无法聘请到理想的教师，这也是高职院校青年教师中大多数为中级职称，或仅具有硕士学位的主要原因。

2. 青年教师教学工作量连年超标，教学任务繁重

随着高职教育的持续发展，高职院校一直保持对青年教师的高需求量与引进力度；同时，高职院校适应经济社会发展需求，对应细分职业与岗位，不断开设新专业，提升与细化既有专业，已入职的青年教师的教学工作量连年走高。根据D学院对教师教学工作量的规定，在D学院，基于近五年教学工作量数据，通识类课程教师周课时平均在16—18节，专业课教师周课时平均在12—16节；另

一方面的数据呈现了同期开设课程门数情况，每位通识类课程教师同期开设课程通常在1—2门，每位专业课教师同期开设课程通常在2—3门。如有新增设专业，专任教师较少，每位教师同期开设3门以上课程的特殊情况也时有存在。因高职院校开设课程紧密联系企业、职业与岗位的特殊要求，若教师自身所主讲课程为实践类课程，则需投入更大精力与更多时间，积极联系相关企业，全面开展与岗位直接匹配的教学设计，并确保教学实践过程中的有效性。若教师主讲课程为学生考证课程，即与学生考取职业资格证书紧密联系的课程，则需提前做好相关执业资格证书考试的试题研究、趋势预测，确保达到一定的职业资格证证书的通过率。

根据近五年高职院校人才培养状态数据采集中获得的有效数据，形成D学院青年教师教学基本情况汇总。

表5-2　D学院青年教师教学基本情况

主要观测点	状况分类	占青年教师总人数比例
承担课程门数	1门	33.4%
	2门	50.7%
	3门及以上	15.9%
平均周课时	8节及以下	10.3%
	8—12节	31.5%
	12—16节	39.8%
	16节及以上	18.4%
所授课程性质	均为理论课	17.9%
	理论+实践课	35.7%
	均为实践课	46.4%

在上述高工作量与高强度教学任务作用下，青年教师的教学获得性评价参差不齐，教学素质、教学能力与教学绩效整体上处于发展与上升阶段。

3. 青年教师科研压力源自职称晋升，学术能力提升空间大

高职院校的青年教师在主要承担连续多年高强度的教学工作量与超强度的教学任务的同时，需要完成一定的科研任务与科研工作量。D学院科研管理制度体系中，对各类职称的教师必须完成的科研任务做出了明确的规定，但完成这些规定的任务量难度并不大，且有如"上一年科研考核后多余的科研业绩可沿用至下年，由本人自行决定"等较为弹性的制度确保了科研任务量的完成。其中重要的是，让青年教师感受到较大压力与挑战的科研压力来自职称晋升。与本科院校要求一样，公开发表在一定级别学术杂志上的论文与主持承担各级别课题与项目，在高职院校教师职称晋升体系中，绝对是重中之重。

高职院校教师来源较为多元，大部分为相关专业应届硕士与博士毕业生，另一部分为社会组织、专业研究机构的专职研究人员、企业高管、某些相关领域的专家或能工巧匠等。不同来源的青年教师入职后，高职院校为大多数初入职的青年教师提出了需要转换与适应角色，发展自身科研能力的要求。但由于高职院校的特殊性，教师个体专业知识、技能与既有基础的差异，并不是所有入职的青年教师均能顺利进入职业角色，展现科研实力，如期如愿评聘职称。现今诸多高职院校教师群体中，不乏在行内业内负有盛名的教师与高技能人才，仍为职称评定晋升问题而烦恼。

二、高职院校青年教师学术研究现状与特点

纵观近年来高职院校青年教师学术研究的总体现状，仍徘徊在研究内容偏重教学研究，研究方法单一落后，研究成果层次较低，且成果的形成与转化率低上，高职院校青年教师的学术总体水平仍有很大的提升空间。

（一）学术研究内容上，教研多，科研少

高职院校青年教师的学术研究内容上，总体表现为教研类研究内容偏多，学科类、专业类、科研类研究内容偏少。以 D 学院为例，基于中国知网，青年教师公开发表的论文数据统计中，近三年列于前 30 的共同的高频关键词为高职院校、人才培养模式、教学方式、课堂教学改革。同时，青年教师在近三年获得立项的各级各类科研项目中，约一半以上为教研类项目。

（二）学术研究方法过于单一

与学术研究内容上倾向教研的现象相联系的是，微观高职类院校青年教师公开发表的论文与获得立项的各级各类项目，会发现总体成果上，涉及的领域过于狭隘，应用的研究方法单一，并缺乏一定的学术规范。绝大多数的研究仍浮于经验性归纳总结的表层，缺少与观点相契合匹配的案例和数据分析论证。绝大多数的论文仍局限于经验性的简单提炼或纯粹的定性研究，近年来出现了一些基于简单数据分析的定量研究，但研究甚少涉及深层次内容，又与所呈现数据不够匹配，佐证功能差。

（三）学术成果呈现层次较低

高职院校青年教师入职初期，尚未完成对教师职业的整体认知

与角色适应，或在职业角色适应任务上进展缓慢，在获得立项的项目与公开发表的论文中，成果呈现层次较低。以CNKI为检索工具，近三年D学院青年教师年均公开发表论文在300余篇次，但发表在中文核心期刊上年均不足60篇。在科研项目统计中，近三年D学院青年教师获得各级各类项目立项年均近百项，但立项的省部级类项目年均不足10项。

（四）学术成果形成与科研成果转化率低

近年来，高职院校的青年教师学术成果形成过程总体上过于单一潦草，获得立项的各级各类项目的研究成果多为研究报告与公开发表论文，获得各级政府与行业主管部门的采纳较少；立项项目在研究过程中，多表现为虎头蛇尾，立项时踌躇满志，结题时仓促应付，导致研究内容不尽深入，研究过程潦草轻率，研究成果不够丰富。

同时，现今高职院校虽然均注重多渠道开展成果转化和落实成果转化激励机制，但科技成果转化、转让和实施专利项目寥寥，为地方经济服务的能力仍需进一步提升。

第二节　D学院青年教师学术生存困境与影响因素

一、高职院校青年教师学术生存困境

（一）青年教师接受多方管理，学术研究状态难以投入

青年教师入职后，除了承担一定的教学任务外，为更加全面熟

悉和了解学校，还需按照相关管理制度要求担任班主任，兼任学生管理、行政管理等工作，并接受各方的管理与考核，这些经历会成为今后职称评定的必备依据。以 D 学院为例，相关制度规定，青年教师入职第一年，除承担相应的教学任务外，还需全职担任学生管理、学生公寓辅导员等工作。

由此即知，刚刚进入职业角色的青年教师，在对教师角色逐渐形成认知，对教学行为的程序、规律处于初始探索阶段的时候，需要完成既定的教学任务，为自身的教师职业生涯开端良好奠定基础，这就需要付出较多的精力与努力；同时，在对学情并不充分了解的情况下，势必出现教学行为与学生已有知识、能力结构冲突之处，从而产生较大的压力。在承受前所未有的教学压力的同时，还须完成行政事务处理，接受各方面的指令与考核，在现实生活中承担的角色越来越多，容易产生精力分配失衡、角色界限模糊甚至角色功能冲突等问题。这样，投入到学术科研方面的精力十分有限，甚至不会关注，错过开启学术研究的良机。

（二）青年教师学术生涯发展规划缺失

教师职业生涯是教师从职业能力获得、职业兴趣培养、职业选择、进入职业角色，直至最后完全退出职业劳动的一个完整的职业发展过程。职业生涯规划对个体职业成功与否至关重要，生活中常有这样的例子，一些禀赋相差无几的人，由于职业生涯设计的差异与发展方向的不同，而经历迥然相异的人生。与时俱进、可操作性强的职业生涯发展规划将会引导个体正确、客观地认识自己，有利于对自身价值有效定位并使其持续增值，明确和激活现有与潜在的资源优势，引导对自身优势与劣势的科学分析，正确评估个人目标与现实之间的差距，以不断增强自身核心竞争力与不可替代性，实现自己的职业目标与理想。

在高职院校青年教师群体中，存在一职定终身的观念，个人职业生涯发展的设计与规划严重缺失。具体到学术生涯中，缺少具体的学术生涯规划，学术生涯开启均大大迟于其教学生涯，且学术生涯追求动力不足，大多数属于迫于职称评定压力而被动开启。

另一方面，即使已经开启了学术研究之路，部分青年教师的学术态度、学术认知、学术行为和学术规范与其教师职业不甚匹配。主要表现为学术探索、思考不尽深入，浮于表层，或是抱残守缺，重复利用既有经验与资源，缺少知识更新和职业追求；或是置高职教育类型独特性要求于不顾，盲目从众，学术研究不具有针对性、可操作性与推广性；或是信息获取路径受阻，缺乏对组织目标的了解与沟通，未能将个人职业生涯与组织职业生涯发展相结合，宅于自身独立又封闭的小世界。

（三）青年教师缺乏实质学术引导，基本是单兵作战

教师职业受传统观念影响，长期以来过于强调个体在教师职业中的作用。独立性曾是教师职业显而易见的特色，也是其他职业从事者想要拥有的，有人把高校教师比作"高级个体户"，大学课堂比作"教师的独立王国"，更有言论认为"高校教师不用坐班，除了上课，其余时间都归自己自由支配"。也正因这样的认知，当下高校教师成为炙手可热的职业。

实际的情况是，在越来越强调合作为赢的今天，青年教师最初入职虽然均经历了全方位的岗前培训系统，但进入到实质工作阶段，却开启了单打独斗的教学、科研等状态。尽管绝大多数高职院校包

括 D 学院，均从学校层面出台并实施了诸如青年教师导师制或相近的制度，但在执行过程中都重重打了折扣。大多数青年教师在其职业生涯的开端仍有诸多无所适从的感受无从诉说，诸多职业方面尤其学术研究层面的问题无处咨询和获得有效的引导，这样的职业生存状态造成其错过学术最佳的起步与发展时期。

二、高职院校青年教师学术困境影响因素分析

（一）困境的主观层面——动因性分析

1. 青年教师缺乏对高职院校教师职业的全面认知与规划

随着经济社会发展，与当下社会观念的影响，高校教师职业因其自身的稳定性、规律性与相对单纯性成为应届硕士或博士研究生毕业后的首要选择，且高校就业需求日益增多。如在 D 学院，每年上半年对外发布人才招聘计划，常常某个专任教师岗位即可收到 500 多条符合条件的应聘信息。在竞争如此激烈的需求形势下，青年教师在入职后，必将自动带入对高校教师职业认知的光环，而严重忽略其职业带来的工作任务、产生的难度与挑战，忽视高校教师所承担的教学、科研、社会服务等基本任务与职责。另一方面，高职院校人才培养的知识与技能并重、甚至技能更重一筹的独特性，也与青年教师对高职院校教师职业的认知产生冲突，使青年教师面临更多的挑战，影响其职业角色适应进程。

与此同时，近年来，职业生涯规划理论与观念虽然在国内发展较快，但仍未深入人心。高职院校的青年教师，无论是新入职，还是工作多年，均缺乏职业生涯设计和规划的理念与实践；其职业生存状态可以概括为信马由缰、顺流而走，更不用提如何将个人职业

生涯规划与组织职业生涯规划相结合的理念与行为了，基本是一片空白，这也是青年教师学术研究进程不力、成果稀少的重要原因。

2. 青年教师自我更新动力不足

无论是老教师还是青年教师，都面临着自我更新的问题。在高职院校规模发展进程中，新进教师数量较多，尤其是新进青年教师，绝大多数是高校毕业后直接进入教师职业，没有接受过高职教育理论的专门学习，欠缺高职教育理念与实践教育经验，对高职教育的性质、特征、规律和发展趋势，普遍认识模糊。另一方面，绝大多数青年教师没有企业、职场的亲身经历和实践，对市场需求驱动的高职教育要紧密跟随并联动于职业发展的要求不够理解与适应。解决上述两方面的问题，均需要青年教师在适应教师职业的过程中，树立自觉学习、自我更新的理念，而不是想着成为教师即一劳永逸、止步不前；只有不断加强自觉学习，深入探索高职教育发展规律，自我定位学术专长方向，并尽早开启学术进程，以此指导与支持教育教学，才能尽早适应并胜任教师职业。

3. 青年教师职业自我效能感水平有待提高

职业自我效能是班杜拉所提出的自我效能理论在职业领域中的具体应用，是个体对自身成功完成职业任务所具能力的自我评估或信心程度。

高职教育对象和教育环境随经济社会发展而变化，高职院校的青年教师在职业进程中产生的诸如高职院校学生综合素质普遍偏低并参差不齐，高职院校教师工作内容多样、压力来源多元并角色模糊甚至冲突，高职院校政策、管理制度不够完善且行政化倾向严重，高职院校社会声誉偏低、平台效应差等认知，加上实际经历，致使他们对自身的职业认同感低、职业自我效能水平差，甚至过早出现职业倦怠与职业高原，直接影响了青年教师学术研究进程与职业发展。

（二）困境的客观层面分析——制度性失调

1. 高职院校教师组织职业生涯管理缺失

职业生涯管理最早萌生于企业组织的管理中，即将个人职业发展需求与企业的发展目标相结合做出的有计划的一系列管理过程。我国的教育行政体制长期以等级式管理为传统，教师的职业发展亦是等级式专业发展路径。随着人事聘用制度和教师资格准入制的改革与发展，教师的专业化和职业化特征日趋明显，其职业生涯发展越来越具有职场特征，教育人力资源管理备受关注。近年来，众多高校均已将"人事处"改称为"人力资源处"，但其管理重心仍以教师招聘、日常管理为主，忽视教师管理的中间阶段才是人力资源管理的核心与落脚点；仍是从静态的角度管理教师的工作特点及其需要，未能从根本上实现人力资源管理的职能，未从职业生涯发展的角度审视教师个人发展与高职院校组织的关系，不能动态地把握教师职业生涯的不同发展阶段和了解他们在不同发展阶段所具有的身心特点、需要、不同的职业任务和职业发展障碍等。组织职业生涯管理（Organizational Career Management）在国内高校尤其高职院校中长期缺席。

这种管理缺失也导致青年教师在自我职业生涯规划与设计上的缺失或者缺位，进而延迟进入职业角色、错失学术发展良机。

2. 高职院校对青年教师的培训思维僵化，培训方式单一

由于传统观念意识的束缚和习惯定势的禁锢，高职院校的师资

培训仍沿袭普通教育模式。培训方式多为教师岗前培训，忽视岗位培训；注重学历教育，忽视校本教育；且培训思维单一，忽视教师的个性化与专业化发展。重理论知识培训、轻技能与素质培训，临时性、补偿式培训占有相当比重，规划性、计划性培训少之又少，培训内容"职业"要素匮乏，学术科研指向性低，甚至游离于实践之外，培训效果与期待不相匹配，完全忽略高职教育对青年教师的特有要求。青年教师参加培训积极性差，由此培训意识淡薄，自我更新与进取意识、动力减弱，以致不足。

3. 高职院校科研团队关系松散，建设水平亟需提升

高职院校现今均构建了诸多科研团队，但就团队运行状况看，有些团队的行政属性大于学术属性，团队的内部和外部存在明显的领导和被领导的关系，目标形成、任务分配、资源整合等均是上传下达的方式，团队自身没有真正意义上的自主性和独立性，缺乏学术研究与探索动力。就团队成员关系看，团队成员关系松散，成员间没有实际意义的融合性，缺少双向互动的机制，实际依然要求教师个体成为教学、科研与社会服务的"多面手"，忽视个体的优势、专长和不可替代性，单兵作战现象严重存在；重专职轻兼职，兼职教师的遴选与聘任由各教学部门自行操作，兼职教师的管理基本处于无序化状态；重理论轻实践，专业教师中具有企业、行业工作经历的教师比例偏低是高职院校共有的顽疾，难以达到培养应用型人才的实际需要；忽视团队实质作用，以群体等同于团队建设，缺少教师团队建设的整体规划，建设措施粗糙，生搬硬套、敷衍应付情况存在。

上述的科研团队的建设现状，致使青年教师成为团队成员后难

以适应，并一筹莫展，无法明确自身位置与团队建设任务；也无法在团队中获取个人学术成长的指导、引导与资源。

第三节　D学院应采取的相关对策与建议

一、青年教师个人层面的应对策略

根据教师职业成长经历的研究，伯利纳（Beliner）等人指出，从新教师到专家教师的过程可分为五个阶段：新手水平、高级新手水平、胜任水平、熟练水平和专家水平。这五种水平的排列是根据教师职业技能水平依次从低到高排列的。

高职院校青年教师从初入职场到对教师职业完全适应，一般经历五个变化时期。如下表。

表5-3　高职院校青年教师职业发展时期一览表

时期	表现特点	发展重点
探索期	处于角色转变期，对教师工作充满幻想，情绪活跃而焦虑；希望尽快熟悉教学环境和教学对象，力求迅速完成从读书到教书的全面过渡与转换	加速角色转换。了解学情，逐步完成自身理论体系到教材体系再到教学体系的转换
协调期	心理上全面进入"教师"角色，能静心钻研业务，能较顺利地组织教学活动与学术活动；希望能被学生、同事和领导接纳，但教育机智水平与科研能力需要提高	顺利进入职业角色，自觉向老教师求教学习，掌握学生特点与课程特点，培养与提高教育机制与科研水平

续表

时期	表现特点	发展重点
适应期	能得心应手地依据常规组织教学，教学设计表现出一定的灵活性，基本做到传授知识和培养能力相结合，教学规范化进程快，同时，开展学术科研活动，逐渐融入相关领域并初步展现学术能力。渴望参加各种交流和培训活动，工作充满了活力	能够处理好课程要素间关系，积极学习培训，加强交流，初步形成自身教学特点，进入相关学术领域
平台期	教师职业能力经过前几年的磨练，已有质的飞跃，课堂教学模式、学术研究定位基本稳定，各方面的发展进程明显变缓	进一步明确自身发展优势与不足，加快自我更新进程，避免或减少职业倦怠
成熟期	通过总结经验、深入研究，接受外援支持，寻求新的教学改革措施，他们能突破"平台期"，实现职业能力的再次飞跃，开始形成自己的教学特色与学术专长，并成为教师职业的骨干力量	探索突破职业平台，形成自身教学风格与学术专长

在高职院校，学术研究是青年教师专业发展的重要组成部分。青年教师学术研究的发展进程与效果直接作用于其教育教学方面，进而影响高职院校整体的教育教学质量与人才培养质量；并且，不可忽视地影响着大学生知识掌握的广度与深度、思维方法与思维品质的养成、创造精神和创造人格的塑造。对青年教师自身而言，学术研究的发展水平促进或制约其职业生涯的发展进程和水平。

建议青年教师从以下几点加以关注。

1. 尽早确定职业发展目标

青年教师职业发展目标确定过程是其职业生涯发展进程中的重要部分。依照新教师职业成长时期划分，分阶段确定职业成长目标，有助于青年教师顺利进入职业角色，接纳、融入并胜任教师职业。

2. 形成职业承诺

职业承诺是个人对职业或专业的认同和情感依赖，对职业或专业的投入和对社会规范的内化而导致的不愿变更职业的程度。实际上，职业承诺就是由职业实践生发出认同感、成就感与工作满意感。职业承诺的形成，来自教学实践中与学生的互动、与教材等课程要素的交互，来自对自身学术专长的定位与认同。

3. 具有持续的自我更新能力

高校教师不仅应成为行走的百科全书、涌动的河流，更应有逻辑上深层次的整合与建构，这就需要新教师入职伊始即应培养自身持续的自我更新能力，具有信息、知识与能力上的整合性、融合性与接纳性。

二、高职院校政策、制度与措施层面

（一）深化人事制度改革，建立科学合理的人才管理和考核体系

高职院校应探索深化人事制度改革，完善岗位设置和聘任办法，完善专业技术职务评聘办法，建立科学合理、可持续发展的绩效考核体系。进一步强化对教师职业道德和工作业绩的考核，增强教师的向心力和凝聚力。按照"按需设岗、公开招聘、竞争上岗、择优聘任、科学考核、合同管理、以岗定薪、岗变薪变"的原则，建立责、权、利相统一的用人机制，做到职责明确、要求严格、方式公开、程序规范，增强教师的业绩意识、竞争意识和履行岗位职责意识，完善教师准入制度和聘任制度，建立人员能进能出，待遇能高能低的灵活用人机制。

加强绩效考核，建立公平、客观、公正的教师考核、评价、激

励机制，制定以业绩为核心，由品德、知识、能力等要素构成的教师考核评价指标体系，发挥考核对师资队伍建设的促进作用，评价指标体系注重从数量向内涵转变，从单一向综合转变，从短期向长远转变。

（二）营造尊师重教的良好氛围，不断激发教师成长成才的生机活力

高职院校应加强顶层设计，关心教师职业成就感、自豪感和幸福感，构建新时期的尊师重教文化，提升教师职业声望。紧密围绕教师发展需要，扎实推进教师发展中心各项活动，在规划职业生涯、提高教学能力、推进学术创新、保障身心健康等方面开展工作。努力营造"人人皆可成才，人人皆能展现才能"的良好氛围，不断激发教师成长成才的生机活力。引导支持广大教师坚定理想信念，自觉肩负起重担和责任，身体力行把社会主义核心价值观的要求融入日常的教育、教学、管理及与学生的交往中，以自己的高尚师德和点滴行为潜移默化影响和激励每一个学生。学校在制度关怀、政策关怀和组织关怀的基础上，积极营造人人关心人才、人人争做人才、人人展现才能的氛围，做到"感情留人、事业留人、环境留人、待遇留人"。

构建多元开放、科学合理的评价机制，促进教师专业成长和持续发展。提高教师地位与待遇，不断优化教师发展的人文环境。分配制度向德技双馨、长期教学一线、双师教师倾斜，关注教师梯队建设，关心青年教师生活和工作，帮助青年教师解决实际困难。加大教育和科研投入，改善人才的工作环境和科研条件，不断创造条件，力争为专业人才提供良好的教学科研设施、先进的实验设备、

丰富的信息资源、充裕的科研基金。

（三）推进教师培养培训机制创新，提升双师质量建设新内涵

积极探索科学有效的教师培养培训体系，引导教师树立终身学习的理念并化为行动，组织每位教师完成职业生涯规划设计，了解教师职业发展需求。鼓励每位教师每年接受一定的培训任务，完成一定的培训学时，同时加强培训效果的跟踪和评估。推进实施博士工程、教授工程、名师大师工程、双师工程。鼓励青年教师到国内外重点高校攻读博士学位，以改善师资队伍的学历、学缘结构；进一步加大青年骨干教师的国际交流范围、层次和力度，加速骨干教师的国际化成长；加强教师师德师风、教育教学能力、信息技术能力、专业技能培训，促进教师知识更新。

现代高职教育要求高职院校具有鲜明职教特点、教练型的教师队伍，通过各种途径培养，使青年教师不仅具备较高的学术理论水平，更具备一流的实践技能水平。依托各类大中型企业，加强教师双师培养基地建设，落实教师企业轮训制度，健全教师企业挂职锻炼制度和"一师一企"制度，鼓励专业教师深入企业开展访问工程师项目，鼓励教师多从事应用与开发研究，加大对教师成果转化的政策倾斜和奖励力度。

（四）优化兼职教师队伍，打造专兼结合的双师教学团队

兼职教师是教师队伍的重要组成部分。高职院校应进一步充实兼职教师资源库，特别要聘请行业企业有重大影响力的领军人物、名师大师、能工巧匠等重点兼职教师来校任教，并提高他们来校任课的实际授课率。充分发挥兼职教师在专业建设中的作用，多方面为他们提供帮助，搭建平台，让他们各展其才，各施其艺，为学校

专业建设和发展添砖加瓦。在专业和课程改革建设、教育教学质量评价中，要主动吸纳兼职教师的建议和意见。重视发挥兼职教师的"传帮带"作用，如可聘请部分重点兼职教师与青年教师结成"对子"，通过多种方式加强对专业教师特别是青年专业教师的"传帮带"，提高青年教师技能水平。建立健全发挥兼职教师作用的长效机制，为兼职教师队伍建设提供有力的制度保障。建立定期聘任机制和薪酬制度，定期从行业企业聘请一定数量兼职教师，建设一支相对稳定、结构合理的兼职教师队伍，完善兼职教师薪酬体系；建立教学评估机制，结合兼职教师工作特点，制定科学合理的教学评估指标体系和评估办法，用制度和机制来保障兼职教师的教学质量。有效发挥兼职教师智力优势和工作经验优势，采取多种形式，定期或不定期地征求兼职教师对学校事业发展、培训教学、队伍建设等方面的意见和建议，发挥他们的聪明才智，以促进青年教师的职业生涯更好更快地发展。

第六章

台湾地区高校青年教师学术生存现状、困境与对策

　　台湾地区经历 20 世纪 60 年代至 70 年代经济高速增长，于 1987 年解除政治"戒严令"，有意放松对高等教育的管制。1994 年，《大学法》修订关于高校管制的相关条款，高校治理渐渐回归由各高校自主运作。同一时期，台湾地区高校规模经历快速扩张，学生数量急速增多，同时因出生率下降、教育经费减缩、全球化竞争等因素，为求确保高等学校质量，2005 年台湾教育部门修改大学相关规定，大学应定期进行评鉴。同年，台湾教育部门设立财团法人"高等教育评鉴中心"，于 2006 年进行大学校院系所评鉴。由于上述政策，高等院校纷纷提高学术研究标准，追求卓越的研究成果，因此，高等院校青年教师在兼顾教学质量的同时，必须致力于投入学术研究以达到学校要求学术研究之标准，其所面临的学术生存现状与困境，已经成为当前高等教育的重要议题。

第一节 台湾地区高校青年教师学术生存现状

本研究从高等教育发展、社会及国际化等因素，对台湾地区高校青年教师学术生存现状加以梳理，现分述如下。

一、高等教育大众化以后青年教师正式入职年龄偏高

台湾地区在 20 世纪 90 年代"松绑"大学治理，强调去中心化与放权理念，解除地方政府对教育的不当管制①，试着融合政府、市场及第三部门各方力量，提供高等教育服务②。台湾地区高等教育规模经历急速扩张，放宽私立高校升格或改制，意图让高等教育逐步回归市场机制，使社会资源投入高级人才培养；另一方面，也逐步放宽私立高校招生限制，以使其能充分回应市场需求，让人才培养更为灵活弹性③。

在高等教育大众化与市场化背景影响下，台湾地区 90 年代高等院校数量逐年增多，其所培养的本科、硕士博士人数激增。高校数量（不含专科学校），从 1994 年到 2007 年，从 58 所增至 149 所，博士班学生数从 8395 人增至 31707 人，到 2010 年更达到 34178 人，至

① 教育改革审议委员会. 教育改革总咨议报告书［M］. 台北：行政部门，1996.
② 莫家豪，罗浩俊. 市场化与大学管治模式变迁：香港与台湾比较研究［M］// 戴晓霞，莫家豪，谢安邦主编. 高等教育市场化. 北京：北京大学出版社，2004.
③ 中华民国教育报告书：迈向 21 世纪的教育远景［M］. 台北：教育部门，1995.

2016 年仍有 28821 人①。在这段时间，台湾地区人口少子化致使高校生源缩减，约自 2013 年开始高校学生数量逐年减少，直接影响专任教师的需求数量。高校专任教师数（不含助教）在 1994 年为 16949 人，至 2004 年为 44787 人，增加 27838 位教师，增长 164%。然而，从 2004 年到 2013 年，大学院校仅由 145 所增为 147 所，教师仅增加 3164 位②。过去二十年来台湾地区高校教师数量增长接近停滞，增聘青年教师人数有限，以新进教师为主的助理教授所占的比例偏低。若是以未满 40 岁的助理教授来看，因实施助理教授新制，1994 年仅为 13 人，到 2004 年为 2772 人，约占 6%，2014 年为 3764 人，约占 8%，到 2016 年下降至 2712 人，约占 6%③④⑤⑥。

由于台湾地区高校公立大学教授是固定员额制，教授招聘将可能不受到少子化的影响，但私立高校则会因学生员额减少从而进行教授师资的调整，因此透过数据推断，44 岁以下年轻教授占全体教授人数的比重，将会随着时间不断降低。2013 年比重为 31.2%，至 2018 年将有可能降为 17.1%，至 2023 年则可能会降至 10.9%⑦。在高等教育大众化的趋势下，伴随少子化的因素，高校青年教师已经

① 教育统计（2017）[M]. 台北：教育部门，2017.
② 张于绅，王宣智. 稳定大学师资结构塑造创新研究环境 [EB/OL]. 科技政策观点网，2014－09－12.
③ 教育统计（1995）[M]. 台北：教育部门，1995.
④ 教育统计（2005）[M]. 台北：教育部门，2005.
⑤ 教育统计（2015）[M]. 台北：教育部门，2015.
⑥ 教育统计（2017）[M]. 台北：教育部门，2017.
⑦ 张于绅. 我国学研人才未来变化之观察 [EB/OL]. 科技政策观点网，2016－01－15.

呈现出正式入职的年龄偏高且专任教授整体年龄老化的现象①。

二、高等院校追求卓越发展提高对青年教师的学术要求

随着全球化的不断推进，高校发展与国家、地区经济发展息息相关，各地政府先后出台建设一流大学政策，全力促进高等教育卓越发展。加入世界贸易组织之后，台湾地区的高等教育开始面临国际知名大学的竞争，高校办学的绩效责任与卓越发展的压力也随之增加。此外，从 2003 年开始，每年主要教育机构发布的世界大学排名结果，影响着各国家与地区高校的国际声誉，彰显着一个国家与地区大学的办学质量。因此，台湾地区教育部门自 2005 年起先后出台《国际一流大学与顶尖研究中心计划》《迈向顶尖大学计划》与《高教深耕计划》等，增加额外的竞争性经费，创设学术竞争环境，通过补助教学或研究绩优大学的方式，建设发展国际一流大学、设置高校优异领域的顶尖研究中心，兼顾追求大学卓越与发展特色，增强整体高等教育的竞争力。

在上述背景下，台湾地区多数高校开始与海外高校交流与合作，包括学生、教师、研究等方面，开展不同形式的国际化项目，同时追求世界大学排名及学术影响力，国际期刊论文已成为教师基本绩效考评与晋升之重要核心指标，更成为教师能否获得奖补助以及影响奖补助金额多寡之关键因素②。自 2006 年起，公立高校或是卓越

---

① 张于绅. 我国学研人才未来变化之观察 [EB/OL]. 科技政策观点网，2016 - 01 - 15.

② 周祝瑛. 台湾人文及社会科学领域学术研究评鉴指标问题 [J]. 市北教育学刊，2014（47）：1 - 14.

私立高校在教师评鉴实施教师升等（晋升）"6 年条款"或"8 年条款"制度，规定教师须在 6 年或 8 年内升等，若未完成升等则予以解聘或不续聘，希望激励或是要求教师从事学术工作。换言之，现今高校追求卓越发展多以量化的研究成果作为衡量教师学术水平的重要指标，以每位教师每年发表多少篇 SCI 或 SSCI 的期刊，或是出版专著等量化标准与教师升职挂钩。对于新进教师来说，若未能在一定期间晋升为副教授或是发表相关研究成果，就将面临不续聘或是其他变相惩处。结果导致，高校新进教师无一不积极从事著作及学术论文的撰写、参加学术会议、申请各种研究项目等。

三、高校鼓励青年教师开展产学合作并列入考评项目

高校是研究的中心，产学合作逐渐成为高校的"第三任务"。高校教师无论是在研究室或实验室，发表会或课堂上，都应具有教学与研究的创新专业能力，且需将学术成果转换为可运用的技术，即教师须发挥与产业合作的功能，才能提升高校本身与国家的竞争力①。越来越多国家意识到高校在技术移转中的重要性，开始从晋升制度着手，希望透过诱因机制的调整，鼓励产学之间增加互动，让学校和企业可以互通有无，增加促进知识产业化的机会，进而灵活运用蕴藏在大学的知识，达到增加社会福祉的目的②。

由于高等教育国际化的影响，台湾地区高校希望教师的学术成

---

① 余启名，张源泉．台湾之大学教师薪资制度评析［J］．教育资料集刊，2012（56）：1 - 30.

② 黄意植．发挥学界创新能量：思考透过升等制度强化产学链结的可行方式［EB/OL］．科技政策观点网，2018 - 02 - 04.

果能进一步转化为为企业所用，产出较大的经济效益，在提升高校国际竞争力的同时，充实学校及自身研究经费。同时，部分因应少子化之招生竞争，高校陆续增加产学合作绩效之评鉴内容①。台湾地区教育部门于 2006 年制定《大专校院产学合作实施办法》，作为高校从事产学合作之法规依据，并于该办法第十条明确规定："应将产学合作办理绩效列为学校评鉴项目之一"。2007 年起，财团法人高等教育评鉴中心进行《大专校院产学合作绩效评量》，以排名方式公告考评结果，并对评量绩优之校院给予奖励②。以成功大学为例，每年产学技术转移收入都是公立学校排名第一，校内教师几乎都有相关的产学合作项目，并在世界大学评比中取得较好的排名。科技大学在新聘新进教师时，要求其具备三至五年的实务经验，并将产学合作绩效作为大学教师考评的标准③。

纵观台湾地区高等教育环境，高校产学合作已成为必然趋势，特别是在近年来教育经费短缺的窘境下，高校善用自身研发优势、充沛的教师资源及激励晋升制度，积极与校外企业洽谈各种产学合作项目。对于新进青年教师来说，若能将自身学术发展与产学合作相结合亦是相辅相成，不仅获得企业赞助的研究经费支持，以利于日后学术论文的发展，最终的技术或是成果产出所获得效益，也可以充实学校的教育经费，提升高校的国际竞争力。

---

① 黄玉幸. 产学合作绩效为导向的大学教师评鉴之评析 ［J］. 台湾教育评论月刊，2015，4（9）：29－35.

② 陈达仁，耿筠. 大专校院产学合作评量之机制检讨与未来规划建议 ［EB/OL］. 评鉴双月刊网，2018－02－04.

③ 黄玉幸. 产学合作绩效为导向的大学教师评鉴之评析 ［J］. 台湾教育评论月刊，2015，4（9）：29－35.

第二节　台湾地区高校青年教师学术生存困境

根据前述高校青年教师学术生存现状，本研究试图分析目前台湾地区高校青年教师学术生存困境，现分述如下。

一、高校青年教师入职较晚且缺乏学术传承，不利于日后研究创新

在高校，年龄为影响学术专业的重要因素，其与研究产出、研究生产力的关系，29—49 岁则被认为是最佳创造年龄①。从科研成果数、科学家人数及其年龄之间的关系，可发现做出重大科学贡献的最佳年龄在 25—45 岁②。若以科学研究的生产力观点，并以学术年龄来观察，可发现高被引科学家在学术年龄 15 岁时影响力达到顶峰，学术生产力则会在 26—28 岁达到顶峰③。由于教育经费不足、少子化因素的影响，台湾地区许多高校遇缺不补，或是许多公立高校教授退而不休，多被私立大学聘任，年轻博士较晚取得教师职位，高校教师主力整体年龄偏高，不利于日后学术研究创新。

目前台湾地区高校教师主力年龄逐渐往上移动，1994—2002 学年度主要年龄层为 35—39 岁，2003—2008 学年度移至 40—44 岁，2009—2014 学年度移至以 45—49 岁年龄层为主；2015 年移至以

---

① 张于绅，王宣智. 稳定大学师资结构塑造创新研究环境［EB/OL］. 科技政策观点网，2018 - 02 - 04.

② 赵红州. 关于科学家社会年龄问题的研究［J］. 自然辩证法通讯，1979（4）.

③ 缪亚军，戚巍，钟琪. 科学家学术年龄特征研究——基于学术生产力与影响力的二维视角［J］. 科学学研究，2013，31（2）：177 - 183.

50—54 岁年龄为主①②③④。目前台湾地区有 24.9% 的大学教授、也就是每四人中有一个超过 55 岁。未来 10 年，将有 12290 位大学教授面临退休，一些台大等顶尖大学，10 年内退休比例更将超过三分之一⑤。根据某学者对大学教授年龄结构的预测⑥，探知台湾地区未来10—15 年私立大学难以补充新进教授，且未来的 11—20 年将会有接近六成的教授退休。这会造成教授年龄结构将有巨幅变化，新进年轻教授的不足，将可能带来研究创造力不足的问题；短期且大量的退休则将会导致经验与知识传承深受影响，不利于台湾地区高等教育质量的保障与基础研究的稳定发展。

综上所述，未来台湾地区高校基础研究需要教师持续且长时间的投入，或是由不同年龄教师所组成研究团队负责，并在基础研究成果的基础上，进一步做跨领域、交叉领域的研究，若是学术研究人员出现短缺，甚至出现断层情况，将大幅度降低基础研究的产出与质量。

二、高校青年教师重研究轻教学，忙于应付校内外评审

台湾地区高校新进教师每周的基本授课时数有相应的规定，专任教师对应的每周授课时数为教授 8 小时、副教授 9 小时、助理教

---

① 教育统计（2015）［M］．台北：教育部门，2015.
② 教育统计（2014）［M］．台北：教育部门，2014.
③ 教育统计（2016）［M］．台北：教育部门，2016.
④ 教育统计（2016）［M］．台北：教育部门，2017.
⑤ 陈芳毓．10 年内 1/3 大学教授爆退休潮却苦聘不到新老师［EB/OL］．远见杂志网，2018 – 02 – 04.
⑥ 张于绅，王宣智．稳定大学师资结构塑造创新研究环境［EB/OL］．科技政策观点网，2018 – 02 – 04.

授 10 小时。新进青年教师多从事其他与教学有关的工作，例如，实验、实习、专题研究等教学工作，皆有其标准授课时数。另外，新进教师从事产学合作活动都必然要花费一些额外的时间，如与厂商的沟通协调等①。

由于高校以绩效主义为评定导向，加大研究评鉴在教师晋升、奖励评定中的比重，青年教师入职后面临与日倍增的学术研究压力。一般大学教师晋升主要考核教学、研究、服务、辅导和产学合作等项目，但是多数高校最终仍较看重论文资料为主，其他项目，如产学合作可获得的点数少于学术出版；某些产学合作研究难以发表成为学术论文②，这使青年教师不得不全身心投入研究工作以应付教师考评。甚至许多高校教师从事课题研究皆以"可以尽快发表"，尤以"能计最大点数"为要务达到论文产出，至于论文的质量、是否符合兴趣、学术贡献程度则未必优先考量③。换言之，高校对于教师考评简单等同于"论文发表"的量化数据，导致青年教师的教学、研究、服务和辅导纷纷走向形式主义，进入短期速成的歧途。

台湾地区大学相关规定授权各大学进行教师考评，作为教师晋升、续聘、长期聘任、停聘、不续聘及奖励之重要参考。若是青年教师无法于期限内通过教师考评，将面临不续聘或是停聘的处分。根据台湾教育部门统计，2006 年至 2017 年，全台湾共有 16 名教师

---

① 汤凯杰，邱新怡. 我国大专院校教研人员产学合作行为初探 [EB/OL]. 科技政策观点网，2018 - 02 - 04.

② 汤凯杰，邱新怡. 我国大专院校教研人员产学合作行为初探 [EB/OL]. 科技政策观点网，2018 - 02 - 04.

③ 林大森. 当今大学教师的政治、经济、社会地位解析：Weber 学派的观点 [J]. 台湾教育社会学研究，2017，17 (1)：1 - 42.

因此条款遭受不续聘的处分①，有些学校依据此来淘汰不具"论文生产力"以及不服从行政指挥的大学教师，部分私立大学与技术体系学校更是趁机精简人事成本，有些学校每年，甚至每学期都对教师加以考核，不但将评价结果公布，甚至建立全校教师的分项的绩效排名，作为系所淘汰教师的依据②。各大学晋升条款关系到教师是否续聘，直接影响教师劳动权，确实让刚进大学教书的年轻助理教授陷入拼论文求生存的职业困境，同时令多数年轻教授忽视教学的重要性③。

三、青年教师处于学术金字塔底层，扮演大学学术长工

青年教师是高校教师资格制度里的基层的助理教授，一方面其授课时数最多，多被指派参加各种委员会、兼任大量行政工作、招生等任务；另一方面又必须投入更多心力于研究发表，青年教师的青壮年时期，都在晋升考核制度中度过。长期以来，台湾地区高校治理权力与资源多分布在正教授手中，青年教师申请研究项目与资源要获得正教授支持，或是依附在正教授的团队之中。其中，台湾科技部门补助专题研究计划是大专校院教授持续进行研究的主要补助机制，加上目前获得研究计划补助与后续之研究发表对职级晋升至关重要，青年教师持续获得专题计划补助对于其本身的职业持续

---

① 陈俊华. 教师限期升等成新进教授紧箍咒［EB/OL］. 台湾地区"中央"通讯社网，2018 - 02 - 04.
② 戴伯芬. 教授无法承受之重——限年升等与评鉴［M］//戴伯芬，等. 高教崩坏：市场化、官僚化、与少子化的危机. 新北：群学出版有限公司，2015：134 - 160.
③ 同上.

性有着决定性的影响①。依据台湾科技部门近五年获得一般专题研究项目补助的数据显示，符合新进人员资格者，年龄集中在 30—44 岁，且申请数量各年龄层均呈现下降趋势，尤其 30—34 岁的申请数减少近六成；申请项目通过者，集中在 30—44 岁，维持在 50%—65% 的稳定状况。然而获得补助之项目数量近五年各年龄层均呈现逐年减少的趋势，其中 30—34 岁之项目通过数量减少 56%，在 35—39 岁者减少 22%，在 40—44 岁者减少 36%②。其他非新进的大学教师，在申请一般专题研究项目上，近五年项目申请数量集中在 35—59 岁。其中，40—44 岁与 45—49 岁年龄区间的申请项目数呈现减少趋势；反之，50—64 岁的教授项目申请总数量则呈现增长趋势；项目通过数量集中在 35—59 岁的专任教授，其项目申请之通过率，维持在 45%—48%，个别 35—39 岁的项目通过数量在 45%—50%，40—44 岁以及 45—49 岁者的项目通过数量呈现小幅减少的趋势③。

　　总的来说，高校青年教师处于学术金字塔底端，刚入职被分配较多的授课时数，同时又必须利用较多时间准备教学，剩余时间再投入科研、行政、服务或是产学合作，但是其中又因高校教师人力短缺，其工作分配不公平、不均衡，扮演大学学术长工的角色，苦不堪言。再加上，多数高校青年教师拥有的资源有限，不易获得政府有关部门的研究补助资金，多须依附在资深教授的团队，开展科研、产学合作等。

---

① 张于绅，王宣智. 稳定大学师资结构塑造创新研究环境［EB/OL］. 科技政策观点网，2018 - 02 - 04.
② 同上。
③ 同上。

第三节 采取的相关对策

综合相关学者的建议，对于台湾地区高校青年教师学术生存困境，本研究提出以下几点对策与建议。

一、按高校类型建立多元教师考评制度，构建多元晋升制度

目前高校教师考评是普遍适用于公、私立大学教师，因为缺乏长聘制，考评结果与教师的职业生涯、基本薪资、津贴及杰出表现呈现低度相关，但是却直接影响到教师的工作权[1]。此外，教师考评指标严重倾向国际期刊论文、课题的数量等"量"化的指针，忽略研究成果价值、创新或影响力等"质"化的内涵，产生诸多缺乏学术自律，导致学术不规范的弊端。当前最急迫的应是建立一套多元符合不同类型高校的考评机制，强化质性数据的公信力，提升产学合作在晋升过程中的重要性[2]。

台湾教育部门自2014年起试办大专教师多元晋升制度，授权学校制定研究、应用技术、教学型等不同晋升指标，鼓励学校自我定位创建特色，2016年起全面授权各校自行考核教师晋升。但是多元晋升制度已经推行一段时间，以技术晋升的教授人数依然不多，原

---

① 戴伯芬. 教授无法承受之重——限年升等与评鉴 [M] //戴伯芬，等. 高教崩坏：市场化、官僚化、与少子化的危机. 新北：群学出版有限公司，2015：134-160.

② 黄意植. 发挥学界创新能量：思考透过升等制度强化产学链结的可行方式 [EB/OL]. 科技政策观点网，2018-02-04.

因在于研究成果容易衡量，而产学合作成果不易客观观察①。学者黄意植建议，产学合作类型繁多，并且各自代表不同程度的合作关系②，配合我国教师晋升以研究为主轴的传统，并以整体发展为考虑，重视产学合作与教学等多元发展，可规划如下：第一，提供客观合理的评价标准，新进资深考评分流，其中鼓励资深教员投入产学合作，灵活运用校园内的研究能量，经营长期、深度的产学交流；支持年轻的研究人员优先研究，专心耕耘新知识和推动知识移转，并鼓励他们积累产业界的人脉；第二，建立审查委员数据库，有别于传统晋升多半仰赖擅长研究的资深学者审查资料，为提升产学合作的技术晋升审查的公正性、客观性，建立一套有别于传统的审查人士数据库。此外，戴伯芬等学者建议放宽期刊评比制度③，建议期刊排名须与经费补助脱钩，鼓励各种自由流通、公共化的学术期刊出版，以维持学术自主性，让青年教师不因身份、地位而获得公平的投稿、审查以及刊登机会。

总的来看，按高校类型建立多元教师考评制度，去指标单一化，以特色定位，建立多元晋升的考评制度，如偏重产业实务方面的技职院校之评价，考评委员应纳入产业界人士，且评分上可加重其产

---

① 黄意植. 发挥学界创新能量：思考透过升等制度强化产学链结的可行方式 [EB/OL]. 科技政策观点网, 2018 – 02 – 04.

② 同上。

③ 戴伯芬，挥尘子. 学术大富翁游戏——垄断性的学术生产 [M] //戴伯芬，等. 高教崩坏：市场化、官僚化、与少子化的危机. 新北市：群学出版有限公司, 2015：198 – 229.

学合作表现①②，以鼓励高校朝向特色化发展。

二、调整高校师生比，稳定师资年龄结构，以利研究产出与创新

　　新入职的博士毕业生处在人生青壮年时期，其科学研究生产力达到最佳年龄。台湾地区高校青年教师入职较晚且整体师资队伍年龄偏高，入职后除了担任教学与研究的任务，需另外兼任各种行政工作，或是投入产学合作，于是导致身兼数职、分身乏术，不利于其统整时间专注于专业领域的科学研究，恐怕影响日后研究成果产出与创新。

　　有鉴于此，高校须加大制定扩大学生总人数的相关政策，例如，调整生师比或是扩大外籍生源，以缓和未来公、私立大学几乎无法招聘新进教师的困境。台湾教育部门要求各校依招生定额，增聘专任教师符合生师比的要求，各校的生师比应低于32∶1人，具有研究生的生师比更须降至12∶1以下③。另有学者研究若考虑2023年达到美国生师比16.2∶1；公私立学生数比30∶70等之假设下，公立大学师资员额维持不受少子化影响；私立大学逐年调降生师比，预计在44岁以下年轻教师占大学全体教授之比例将在2023年由

---

① "中央"研究院．高等教育与科技政策建议书［M］．台北："中央"研究院，2013．
② 彭淮南．高等教育与科技政策建议书——专家意见汇编（二）［M］．"中央"研究院著．高等教育与科技政策建议书．台北："中央"研究院，2013：A2-A3．
③ 戴伯芬，吴燕秋，陈思仁．新科博士的悲歌［M］//戴伯芬，等著．高教崩坏：市场化、官僚化、与少子化的危机．新北：群学出版有限公司，2015：162-197．

11.11% 提高至 15.78% ①。

总的来看，持续聘用新进教师有助于台湾地区减缓少子化对大学教师年龄结构的冲击，稳定师资年龄结构，利于研究产出。另一方面，调整高校师生比、稳定师资年龄结构，能够给予新入职教师从事更多的教学、科研自由时间与权利，较少委派其对教学、科研无益的行政、服务等项目的工作。

三、高校回归学术价值，建立青年教师的支持制度

台湾大学教授林敏聪批判当前高校对助理教授的支持系统不够，大学应该给年轻教授更多尊重、教学研究资源、公平的竞争机制②。由于学术成果的产出需要一定时间和精力的投入，资助与协助年轻研究者进行创新研究，支持并发掘有潜力的年轻研究者，使其获得充足的研究资源是当前最重要的课题③。由此可见，学术成果的产出通常需要一定时间的投入、经验累计及尝试失败，建立以年轻学者为对象的奖励制度是高校回归学术价值，增加其科研数量、提高其科研质量的必经之路。对此，可参考美国 Presidential Young Investigator 制度，自国家研究经费中单独列出一定比例且较长期的补助，来支持并发掘有潜力的年轻研究者，使其获得充足研究资源，且有机会近距离接触、了解业界新近的发展趋势和动向，在知己知"彼"的情况下有针对性地量力而行，对空白或亟待补缺的价值领域进行

---

① 张于绅，王宣智. 稳定大学师资结构塑造创新研究环境 [EB/OL]. 科技政策观点网，2018 – 02 – 04.

② 李雪莉. 两万名"教授长工"的故事 [EB/OL]. 天下杂志网，2018 – 02 – 04.

③ 张于绅，王宣智. 稳定大学师资结构塑造创新研究环境 [EB/OL]. 科技政策观点网，2018 – 02 – 04.

深入挖掘、持续创新。另外，对于优秀新进研究人员的考核，应给予一定有弹性、灵活的项目执行时间。

　　总的来看，台湾地区高校一方面建立以青年教师为主体的扶助制度，保障新入职教师的科研权利，另一方面也为高校青年教师走向更高层面奠定了连贯性基础。

第七章

大学青年教师学术生存现状与特点之国际比较

　　截至 2012 年，我国全日制普通高等院校专任教师总人数达到 1440292 人，其中 40 岁以下的青年教师为 876880 人，约占总人数的 61%①。大学青年教师作为我国高等教育发展的中坚力量，关系到我国高等教育发展的未来，也与提升我国高等教育总体质量密切相关。因此，密切关注大学青年教师的学术生存现状与困境，是十分必要和重要的。本章将在美国、日本、荷兰、德国高校青年教师的学术生存现状与特点的梳理过程中，探讨大学青年教师发展的总体趋势，以期对我国高校青年教师发展有所借鉴与启示。

第一节　美国与日本大学青年教师学术生存现状与特点

　　学术界普遍认为，就大学的发展模式来看，19 世纪是德国大学模式发展的世纪，20 世纪是美国大学模式发展的世纪，而 21 世纪将

---

　　① 2012 年教育统计数据 [EB/OL]. 中华人民共和国教育部.

是中国大学模式发展的世纪。进入 20 世纪，美国的高等教育实现了跨越式的发展，大学的职能也从原来的两项职能，即教学与科学研究，发展到了三项职能，即教学、科学研究与社会服务。进入新世纪，美国的高等教育也呈现出了一些新特点。在美国大学模式的影响之下，世界各国纷纷对高等教育进行了调整和改革。第二次世界大战以后，日本在美军的占领之下对高等教育进行了大刀阔斧的改革，如今回顾这一历程，可以说，这一改革也是有利有弊。本小节将对美国的大学青年教师学术生存的状况加以梳理与分析，着重探讨其针对青年教师所面临的困境所采取的相应对策；关于日本的大学青年教师学术发展，主要是结合相关数据与访谈资料对日本几所大学的青年教师的学术生存现状与特点加以呈现、探讨与分析。

一、美国的大学青年教师学术生存现状与特点

青年教师的发展问题自 20 世纪 90 年代以来，在美国的研究型大学广受关注。20 世纪 90 年代中期，美国学者赖特进行了一项调查显示，近 200 所研究型大学中约有 60% 以上的院校开设了大学教师发展机构，约有 40% 左右的院校成立了大学教师发展委员会。① 由此可见，美国研究型大学对大学教师发展的重视程度。在这些大学教师发展机构和大学教师发展委员会中，他们均采用了一些策略来帮助教师提升职业知识与专业技能。

（一）美国的大学青年教师学术生存现状与特点

从美国高校教师的职业路径来看，一般来讲，由于美国的高校

---

① 刘鸿. 美国研究型大学青年教师发展有效导师制的文化分析 ［J］. 比较教育研究，2015（6）：64.

不留本校毕业的博士生任教，因此，取得博士学位以后必须到其他高校进行应聘，经过公开招聘、严格评审和激烈竞争，该博士生获得第一个工作合同，通常合同期限是 3—4 年，职位是助理教授；第二个合同一般是 3 年期限，职位依然是助理教授①。经过 7 年的试用期以后，在"非升即走"的制度下，该教师走到了职业生涯的关键点：或者幸运地晋升为副教授，同时获得终身教职，在职业道路上继续向教授迈进；或者到低一层次的高校继续应聘任教，开始新一轮试用期；有的博士毕业生发现自己在教师职业道路上的前景黯淡，或者已经找到更适合自己的职业，索性改行另谋出路。

　　一般来说，在美国的高校中，专职教师需要承担一定的教学、研究和服务工作，此外还需要参加咨询和学科专业发展等活动。根据院校类型的不同和教师兴趣的差异，两年制学院、文理学院和综合性大学的教师比研究型大学的教师花在教学上的时间更多，而花在研究上的时间更少。教学与研究之间的冲突，长久以来就是困扰教师的一个矛盾。美国高校一般会将教师的教学、科学研究和服务业绩作为晋升和获得终身教职的依据，但是不同类型的学校会因其特色而对教师的教学、科研和服务制定自己相应的规定。例如，研究型大学，虽然强调为本科生授课是教授的重要职责，但是在最终的聘任标准中，研究能力和业绩依然是放在第一位的。正是由于衡量教师学术的尺度很少会考虑教学，所以，教师们依然会将时间与精力向研究与发表论文方面倾斜。

　　作为大学青年教师，往往是取得博士学位不久或者从事博士后

---

① 贾永堂. 坚守还是弱化终身教职制度——美国高校教师聘任制改革动向 [J]. 高等教育研究，2008（12）：92.

研究几年以后来到大学中取得教职，初入职场，为了尽早获得终身教职，往往会觉得教学是最具挑战性、最耗费时间和精力的工作。但是科研项目的申请、学术文章的发表要求会接踵而来，教学和科研工作让青年教师倍感压力。

在美国的实践中，高校教师发展一般包括教学发展、组织发展、专业发展、个人发展等内容，其中教学发展是其核心和基础。在非学术共同体中，作为初入职场的新手，这些青年教师在工作中遇到了问题与困惑，往往无法得到有经验的教师的指导，更无法得到专家和学者的指导，这些青年教师的专业成长更多的是采用"（sink or swim）沉没或学会游泳（自生自灭）"的模式。针对青年教师群体存在的问题与困难，美国高校采取了一些有效的措施，帮助青年教师度过困难期，适应高校的教学、科研与服务工作。

（二）采取的相应对策

美国研究型大学作为一个学术共同体，积极采取一系列有效的措施，让身处其中的青年教师，通过学术共同体的相互支持与认同，得到及时的指导与帮助，顺利度过职业生涯中的艰难适应期。正如美国奥本大学（Aubum University）的一位系主任所说，"奥本大学是一所公立大学，在这里让人有一种人文体验，在这里，不存在自生自灭的哲学，这里传递着一种资深教师竭尽全力帮助和确保青年教师走向成功的文化。"① 在如此积极的理念之下，青年教师得到了及时的指导与帮助，从而逐渐走向成熟。具体措施如下。

---

① Cathy Ann Trower. Success on the Tenure Track – Five Keys to Faculty Job Satisfaction [M]. Baltimore：The Johns Hopkins University Press，2012：148.

对策之一：采用"导师制"。

导师制（mentoring）是美国研究型大学青年教师发展的有效途径之一，也是美国研究型大学提升青年教师专业水平的有效对策之一。所谓导师制（mentoring），是指帮助青年教师寻找一个或多个专业领域内的资深教师作为职业导师，在青年教师和资深教师之间建立起指导关系。一个成功的导师制包含一个有效的支持关系和一个教与学的过程，涉及角色扮演、教练、激励和评估等多种形式，能够有效促进大学青年教师的社会化、职业发展和学术进步。① 通过导师制的实施，年长的教师可以传授给青年教师获得科研资助的方法，介绍他们进入专业学会及相关的学术圈子，同他们进行科研合作和教学合作，安排他们主持学术沙龙等。与没有接受导师指导的青年教师相比，接受导师指导的青年教师在学术成长、环境适应方面进步更为显著，例如，这些青年教师参加教学活动、科研活动的频率更高，投入工作的时间与精力更多，科研成果也更为丰富。此外，相关调查显示，这些与导师保持密切关系的青年教师，在薪酬与晋升方面的满意度也比较高。

导师制的实施主要目的在于帮助青年教师提升专业发展技能，主要体现在青年教师的教学发展、科研发展、个人发展以及组织适应上。具体看来，主要包括，指导教师（通常是资深的老教师，即导师）通常以定期或不定期见面的形式，向青年教师提供围绕专业发展的指导与帮助，例如，如何准备教学课程，怎样为本科生或研究生开课、上课；如何开展科学研究，如何撰写课题申请书，怎样

---

① 刘鸿. 美国研究型大学青年教师发展有效导师制的文化分析［J］. 比较教育研究，2015（6）：64.

在专业权威的刊物上发表学术论文；如何了解校、院、系的教师代表大会、学会、协会等组织的情况，怎样熟悉院校部门的规章制度，为其组织适应及履行服务义务做好准备。很关键的一点是，资深教师会指导青年教师如何合理分配教学、科研与社会服务的时间，让教学与科研保持平衡。

学者刘鸿在文章中指出，美国研究型大学青年教师的导师制，主要是基于"合作文化"之上①。这一点非常重要，"导师制"的合作是建立在自愿、信任和平等的基础之上的，资深教师和青年教师在合作中才会全身心投入。倘若是受制于行政安排的"硬性合作"，则会让合作变成了"被动合作"，青年教师就会作为科层系统的一份子，服从权威，接受行政制约，导致教师之间的合作沦为应付检查、完成任务的"形式合作"，导师制也将失去意义。

对策之二：提升终身教职的吸引力。

美国多数的研究型大学都采用了终身教授制度。终身教职这种制度，是帮助大学吸引和留住人才的制度，与其说，终身教授制度是一种评价制度，不如说，是一种"捍卫学术自由、保障职业安全、选拔优秀人才"②的一种制度。尽管目前美国学术界依然存在对终身制存废的争论，但是，随着时间的流逝与检验，终身教授制度已经逐渐成了一种学术标志。美国的大学终身制度设计与欧洲大学的有所不同，德国等国家的大学采用的讲座制设计，讲座教授作为主

---

① 刘鸿. 美国研究型大学青年教师发展有效导师制的文化分析 [J]. 比较教育研究，2015（6）：65.

② 缪榕楠. 从制度设计看美国大学终身教职制的理念基础 [J]. 现代大学教育，2005（5）：74-77.

要负责人，具有最高权威，其他学术同行尤其是青年教师的话语权极其受限；与讲座制相比，终身制更有利于青年教师"导师制"的开展，也更有利于青年教师的学术发展。

正如克尔（Clark Kerr）所说，"大学……需要创造这样一种环境，它给其教员，一种稳定感——他们不应该害怕使他们的工作分心的不断变化；一种安全感——他们不应该担忧来自大门外的对他们的攻击；一种持续感——他们不应该担忧他们的工作和生活结构会有重大的改变；一种平衡感——他们不应该怀疑别的人会受到更好的优待"①，终身制正是为高校教师提供了这样一种保障，让教师们能够安心从事教学与科学研究等工作，做到心无旁骛，毫无后顾之忧。终身制正是为青年教师提供了这样一个理想的奋斗目标，终身教职制度通过提供安全的职业保障，吸引有志于学术研究和教学的青年才俊加入到高校教师队伍中来，从而让大学保持了高贵、独立的地位，也有效保障了大学的学术自由。

对策之三：教师发展中心有效的支持与服务理念。

青年教师是高校里最有潜力的人力资源。教师发展中心正是在人力资源开发观念的影响之下成立起来的，在这种观念的影响下，教师管理的观念逐渐从控制转移到为教师提供服务上来。教师发展中心通过实施导师制项目，通过了解和分析青年教师的状况与需求，设计有助于青年教师发展的活动内容与形式，然后推出相关服务。在该项目实施和完成以后，邀请参与项目的教师对该项目进行评价，并提出改进意见，进而提高服务的针对性与适切性。

---

① 克拉克·克尔. 大学的功用 [M]. 陈学飞，等译. 南昌：江西教育出版社，1993：39.

美国的大学"教师专业发展中心"或"卓越教学中心"一般会在学校网站上向青年教师提供关于教学、研究的相关信息，提供与资深教师交流的机会，帮助青年教师尽快适应学校的工作，让青年教师快速成长起来。这些有效的信息主要包括：大学所提供的青年教师"导师制"项目（其中也包括对少数族裔和女教师支援的特殊项目）、资深教师的信息、同层次大学实施导师制的实践案例分享等。例如，明尼苏达大学、马里兰大学、康奈尔大学等大学都会由教师发展中心在网站上发布"青年教师指导手册"，内容通常会包括"导师制"项目的介绍、各学院资深教授的信息及相关链接、青年教师的信息、可供利用和参考的资源等①。

密歇根大学的学习与教学研究中心（Center for Research on Learning and Teaching）创立于1962年，是美国最早建立的高校教师发展机构之一。该机构在高校教师发展方面积累了丰富的经验。该中心的主要任务包括：为教师和研究生发展提供服务；进行评估和评价；提供教学技术服务；提供研究和推广；促进教师发展的合作等。该中心为教师、研究生和管理人员提供"个人教学咨询"项目。这个项目包括"简短咨询"和"深度咨询"两种。该中心还设立了8个资助金项目来帮助教师改善教学。资助项目提供的资金从500美元到15000美元不等②。

美国的高校由于设立教师发展中心比较早，对于青年教师的帮

---

① 刘鸿．美国研究型大学青年教师发展有效导师制的文化分析［J］．比较教育研究，2015（6）：67－69.
② 徐延宇．美国高校教师发展浅析——以密歇根大学学习和教学研究中心为案例［J］．比较教育研究，2011（11）：82－84.

助与指导政策相对比较完善。在资深教师的指导与帮助之下，大部分美国高校的青年教师得到了有效的指导，从而顺利地度过困难时期，逐渐走向成熟。

二、日本的大学青年教师学术生存现状与特点

20 世纪 60 年代，日本国内共有大学（国立大学、公立大学、私立大学）201 所，大学学生在校人数约为 22 万人，大学教师人数约为 11534 人；2009 年，日本全国共有大学 765 所，大学学生在校人数约为 284 万人，大学教师人数约为 18 万人①。长期以来，日本大学一直实施大学教师任期的终身制，大学教师一旦被大学正式录用，如果没有刑事犯罪被判处徒刑等特殊情况，一般是终身任期。自 1987 年 9 月，大学教师任期制的议题被正式提上了日程。2002 年实施大学教师任期制的国立大学已经达到了 66 所，人数涉及 1800 人。2004 年，日本国立大学全面实施法人化改革，国立大学和公立大学的教师身份由公务员转为非公务员。首先，身份发生了转变。这就意味着，国立、公立大学的教师在聘用、解聘、待遇、福利等方面都发生了深刻的变化。其次，在教师任用方面，教师聘任的标准更加严格，更加注重教师的业绩，改变了以往注重教师资历的状况。日本大学教师的聘任非常严格，进行任期制改革以后，教师的聘任标准更加严格。再次，教师的工作业绩与教师的薪资相挂钩，在法人化改革以前，教师的薪资实施是与资历挂钩的整齐划一的教师薪酬制度。法人化改革以后，国立、公立大学全面采用年俸制，教师

---

① 潮木守一. 作为职业的大学教授［M］. 东京：中央公论新社，2009：10.

工资中的津贴部分完全与个人业绩相挂钩。

20 世纪 70 年代末，由于出现了大学教师职位严重不足，许多修完博士课程（博士课程修了）的毕业生不能在日本的大学取得教职，只有 31% 的博士毕业生能够在大学获得教职，于是，大量修完博士课程的学生不得不留在大学里继续从事研究工作。许多博士毕业生选择在大学里担任编外讲师（非常勤讲师），每月只能领取 3 万日元（1500 元人民币）的微薄薪水，没有补贴和其他的福利待遇，并且编外讲师是有聘期的，换句话说，大学可以在聘期结束时随时解聘他们。这些编外讲师的生活是不稳定的，他们等待固定职位的空缺。他们虽然拥有高学历，但是不知不觉间，他们已经成为了大学里的守候群体。根据文部科学省的统计，1975 年日本的大学兼职教师（包括编外讲师）只有 57637 人，到了 1995 年，这一人数上升到112668 人，这一问题已经成为日本深刻的社会问题。

为了更好地把握日本的大学青年教师的现状与特点，本研究团队于 2016 年 7 月 22 日—29 日和 2018 年 2 月 7 日—12 日赴日本名古屋大学进行调研与访谈，获得了宝贵的一手资料。接受访谈的学者包括名古屋大学西野节男教授、服部美奈教授、阿曾沼明裕教授，神户大学的近田政博教授、立教大学的市川诚副教授、立命馆大学羽谷纱织副教授、东洋大学亚洲文化研究所兼职研究员中田有纪博士。

名古屋大学（Nagoya University）本部位于日本爱知县名古屋市，是一所日本顶尖、世界一流的著名研究型国立综合大学，日本中部地区最高学府，日本"超级国际化大学计划（Top Global University Project）"A 类顶尖校。名古屋大学创办于 1871 年，于 1939

年根据帝国大学法，被命名为"名古屋帝国大学"，设有医学部与理工学部，为二战结束前日本国内七所帝国大学之一。二战后的1947年正式更名为"名古屋大学"。2004年4月，学校成立为国立大学法人名古屋大学。名古屋大学现拥有10个学部、15个研究科、3个研究所、2所全国共同利用共同研究基地、29处校内共同教育研究设施。名古屋大学一直处于日本国内一流级别学府的地位。同时，名古屋大学也是日本超级国际化大学计划、RU11学术恳谈会、八大学工学系联合会、领先研究生院计划、国际21世纪学术联盟等著名学术组织的成员大学。

结合文献资料以及访谈整理，日本的大学青年教师发展主要呈现出以下一些特点。

1. 青年教师学术压力大，职称晋升困难

在18个国家和地区的高校教师调查中，日本的大学教师更热衷于进行科学研究，对于授课的热情不高，对于教材开发的热情也不高，对于去海外授课的热情尤其不高。终身制的教师比例最高，高校教师老龄化程度比较严重，年轻教师处境困难，给博士毕业生和博士后研究人员的聘任与晋升带来了不利的影响[1]。在访谈中，名古屋大学教育发展研究科的服部教授表示，青年教师学术压力比较大，工作也比较繁忙；博士毕业生在日本的大学找到教职还是比较困难，所以多数的博士毕业生会选择担任"特任教师"，也就是参与某项课题的合同制聘用人员（一般采用合同制，合同的期限多为1—5年），"特任教师"不用授课，只需要从事课题研究，也不需要

---

① 有本章. 变换世界的大学教授职 [M]. 东京：玉川大学出版社，2011：338.

从事行政工作。名古屋大学的阿曾沼教授表示，日本的青年教师科研压力比较大，文科的博士毕业生的就职形势不太乐观。

高校女教师的比例依然最低，这一调查结果与 15 年前（即 1992 年）一致，在 18 个参与调查的国家与地区中女教师人数的比例最低，这一问题已经成为了日本显著的问题了。日本的研究机构之间流动性较差，高校中教授人数的比例最高，教师任期制这一制度还没有完全落实下来。日本的大学与欧美国家的大学不同，对于教授的聘任、考核以及晋升过程由于缺少外部竞争，相对来说比较容易。但是，日本社会的"纵向社会"的独特性，也让日本的大学教授缺乏流动性，日本的大学比较封闭。调查显示，日本的大学教授心理紧张程度、心理压力都比较高，在调查中超过了英国和韩国①。

2. 对学术充满热情，大学学术自由度高

调查中显示，日本的大学教授职业满意度较高②，也就是说，日本的大学教师虽然收入不是很高，工作压力很大，但是尽管如此，依然对于学术研究充满热情，认为实现了人生价值，从而对于大学教师这一职业比较满意。此外，在管理方面，与 1992 年相比，大学的官僚化更加严重了，管理者和教师之间的意见不能及时沟通，导致了效率不高。但是，尽管如此，日本的大学中，同事之间的关系良好，行政人员所提供的辅助工作也比较好，大学整体的学术氛围十分自由。构建新时代有利于学术发展的氛围，进一步探索有利于大学教师发展的路径，是新时代的课题。在访谈中，名古屋大学的西野教授、服部教授，神户大学的近田教授都表示，由于在日本的

---

① 有本章. 变换世界的大学教授职［M］. 东京：玉川大学出版社，2011：337.
② 有本章. 变换世界的大学教授职［M］. 东京：玉川大学出版社，2011：338.

大学获得教职比较困难，因而获得教职的青年教师都是对学术研究充满热情的。此外，在研究型大学中工作享有充分的学术自由。

3. 日本的大学教师热衷于科学研究，对于教学工作热情不高

在 18 个国家和地区的高校教师调查中，日本的大学教师更热衷于进行科学研究，对于授课的热情不高，对于教材开发的热情也不高，对于去海外授课的热情尤其不高。据相关调查显示，1992 年，日本高校的男教师中有 25.9% 的人热衷于教学，女教师中有 47.1% 的人热衷于教学；男教师中有 74.1% 的人热衷于研究，女教师中有 52.9% 的人热衷于研究①。在 2007 年的调查结果中，男教师与女教师对研究的热情都更加高涨，热衷于研究的比例都有所提升。从教学情况来看，日本高校的女教师比男教师更倾向于将精力投入教学中，女教师总是将教学工作放在优先地位，因此，进行科学研究的时间不太充分。在访谈中，名古屋大学的西野教授、服部教授、阿曾沼教授纷纷表示，与教学相比，研究的工作所花费的时间与精力更多一些。

4. 与男教师相比，女教师处于弱势地位

从家庭生活环境来看，通过调查显示，高校女教师中独身者的比例比较高。18 个接受调查的国家和地区已婚的男教师中的平均比率为 87.4%；其中日本高校的男教师中已婚者所占比率较高，为 91.7%；而女教师中已婚者的比率仅为 52.5%，该比率在 18 个国家和地区中最低②。女博士在就业过程中也陷于不利的处境，在访谈过程中，毕业于名古屋大学的羽谷博士和中田博士纷纷表示，女博

---

① 有本章. 变换世界的大学教授职［M］. 东京：玉川大学出版社，2011：300.
② 有本章. 变换世界的大学教授职［M］. 东京：玉川大学出版社，2011：301.

士在日本的大学找到教职十分困难。羽谷博士在 2010 年才得以就职于立命馆大学（一所私立大学），而中田博士则一直担任某大学的编外讲师、东洋大学亚洲研究所的兼职研究员。首先，日本的文科博士毕业生就业形势一直比较严峻，尤其是女博士。就业过程中屡遭冷遇，会让人很有挫败感。

从高校教师的工资待遇的相关调查来看，在 18 个国家和地区中，有 15 个国家和地区更看重"研究的质量"（与"教育的质量"相比）。也就是说，研究成果、研究业绩与教师的工资待遇相挂钩。长此以往，将不利于大学的教育质量的保障。从性别情况来看，有 6 个国家和地区的女教师在工资收入以及待遇方面，还有包括晋升等方面处于不利的地位[1]。

在一项关于"你认为兼顾教学与研究工作困难吗？"的调查中，在针对 18 个国家大学教师的问卷调查中，从性别差异来看，回答能够二者兼顾的人中多数是男教师，认为很困难的女教师比较多。在接受调查的 18 个国家中，日本的女教师中认为很困难的人数比例最高，约占总人数的 65.5%[2]。

除了以上几个突出的特点之外，日本的大学青年教师还表现出一些其他的特点。例如，担任"特任教师"的青年教师。在访谈过程中，服部教授表示，日本高校中的青年教师，尤其是担任"特任教师"的那些青年教师，工作是很不稳定的。虽然"特任教师"的年收入还可以，但是没有其他的补贴，也就是说，担任"特任教师"维持生计是没有问题的，但是由于"特任教师"是有一定期限的

---

① 有本章. 变换世界的大学教授职 [M]. 东京：玉川大学出版社，2011：308.
② 有本章. 变换世界的大学教授职 [M]. 东京：玉川大学出版社，2011：301.

（最长期限为5年），所以，青年教师会有不安定的感觉。大学里一般是出现新的研究项目，就会需要招募很多研究人员，"特任教师"职位就是在这样的背景下出现的。所以，近年来，有许多博士毕业生取得学位以后（或者博士课程修了以后），就会选择这种"特任教师"的职位，在一所大学里担任5年的"特任教师"之后，然后再去寻找别的大学的"特任教师"职位。

与国立大学、公立大学的情况不同，就职于私立大学的青年教师，教学任务比较重。一般每周需要教授8-10节课（每节课90分钟），除了教学和科研之外，私立大学的青年教师还需要担任学生们的班主任，负责管理学生的工作。

一般来讲，日本的大学主要包括国立大学、公立大学和私立大学。国立大学一般会较好地控制编外讲师（即非常勤讲师）的人数，而私立大学采用了类似企业的管理方式，不断地减少专任教师的人数，大量雇佣编外讲师（非常勤讲师），因为专任教师的年薪约为600万日元（约合36万人民币），而编外讲师（非常勤讲师）的年薪约为300万日元（约合18万人民币）。私立大学主要是出于节约开支的考虑，但是却直接导致了博士毕业生就业的困难。在访谈中，我们还了解到，日本学术界的很多学者担心，如果日本政府执意让大学按照企业的管理模式来发展，那么按照企业追求经济利益最大化的发展目标来看，在不远的将来，日本的大学很有可能只保留经济效益比较好的学部、研究科以及研究所，经济效益不太理想的学部、研究科以及研究所很有可能会在竞争中遭遇淘汰的危机。从现状来看，虽然日本国内现有1000多所大学（包括短期大学在内），但是许多私立大学仅仅是徒有"大学"的虚名，充其量仅仅相当于高中补习班的程度，教育教学质量着实令人堪忧。

第二节　德国与荷兰大学青年教师学术生存现状与特点

德意志联邦共和国（The Federal Republic of Germany），简称德国，是位于中欧的联邦议会共和制国家，北邻丹麦，西部与荷兰、比利时、卢森堡和法国接壤，南邻瑞士和奥地利，东部与捷克和波兰接壤，该国由 16 个联邦州组成，首都为柏林，领土面积 357167 平方公里，人口约 8110 万人，是欧洲联盟中人口最多的国家。德国是欧洲四大经济体之一，其社会保障制度比较完善，国民具有极高的生活水平与教育素质。德国在基础科学与应用研究方面十分发达，以理学、工程技术而闻名的科研机构和发达的职业教育支撑了德国的科学技术和经济发展。德国大学拥有独特的教育科研体系。德国高等教育依据 1976 年《联邦高等教育基准法》（Bundeshochschulrah-mengesetz，HRG）放宽高等教育机构的认定范围，将所有具（Hoch-schule）之名的学校都概括称为"大学"，而高等教育人口也在社会大量需求下迅速扩充膨胀。截至 2014 年，德国有注册学生约 250 万，占 19 - 26 岁人口中的 33%，分布在 110 所大学，223 所高等专科学校和 56 所艺术音乐类学校。这些机构相当于中国专科学校与技术学院之间，与大学同样授予学士学位（Diplom、Magister），但其学位比大学所授予相同名称的学术地位低。德国的大学原本无硕士学位，研究所是为了继续深造攻读博士的学生而设，只提供博士学位，硕士学位是配合其他欧盟国家才设立的。2007 年夏季学期开始，德国的国立高等教育开始收取每个学期 100 欧元左右的学费。

本研究选择了德国 4 所大学及研究机构的青年教师（共计 9 名，包括青年教师以及访问学者、在读博士生）进行半结构性访谈，以期初步了解德国的大学青年教师的学术生存现状，访谈时间为 2017 年 6 月—9 月。这些大学及研究机构分别包括德国柏林马克斯－德尔布吕克国家分子医学中心（2 名）、柏林自由大学（1 名，访问学者）、德国施派尔（Speyer）德意志行政科学大学（3 名，其中 1 名在读博士生）、德国耶拿大学（3 名，其中 1 名在读博士生）。

荷兰位于欧洲西偏北部，是著名的亚欧大陆桥的欧洲始发点。荷兰是世界著名的低地之国。本研究选择了荷兰两所大学的青年教师（共计 7 名教师）进行半结构性访谈，以期初步了解荷兰的大学青年教师的学术生存现状，访谈时间为 2017 年 6 月—9 月。进行访谈的两所大学分别为荷兰埃因霍温理工大学和荷兰马斯特里赫特大学。荷兰埃因霍温理工大学（Eindhoven University of Technology，缩写为 TU/e，荷兰语为 Technische Universiteit Eindhoven），该大学位于荷兰埃因霍温市，创立于 1956 年，是荷兰乃至全欧洲最负盛名的理工科大学之一。马斯特里赫特大学 Maastricht University（荷兰语为 Universiteit Maastricht），组建于 1974 年 9 月 16 日，前身为国立林堡大学，也是荷兰顶级的国立研究型大学。

一、德国的大学青年教师学术生存现状与特点

德国大学的人事制度主要以讲座制为主，即一个终身教授掌管并领导一个讲座，支撑起一个研究方向。教授主持讲座，在高校中拥有最大的学术权力，教授还控制着讲座或研究所的人员聘用、经费分配权力，也包括博士生和博士后的聘用。

大学教授为终身职位，具有公务员地位，有专门配备的秘书。教授的职位是比较稀少的，他们处在学术职业等级金字塔的最顶端。没有教授职位的绝大多数科研人员被称为学术雇员（也可以理解为助教），他们没有终身职位，都依附于教授开展科研工作。从数量上看，教授与学术雇员的比例约为13：87①。在教授底下招一些研究人员为该教席服务，可以理解为助教。德国的这种体制也被戏称为"所有或没有"，也就是说要么是教授，要么就什么也没有。这样的体制，自然限制了德国高校的人才流动。于是，德国高等教育开始探索改革之路。2002年，德国高校开始设置"青年教授"这一职位，目的在于让年轻的科研人员可以更早地开始进行独立研究。可是，令人遗憾的是，据2015年的统计数据，只有15%的青年教授在任期结束后能够继续留在大学担任终身教授。

本研究选择了德国4所大学及研究机构的青年教师进行访谈。这些大学或机构包括德国柏林马克斯－德尔布吕克国家分子医学中心、柏林自由大学、德国施派尔（Speyer）德意志行政科学大学、德国耶拿大学。

柏林自由大学创建于1948年，迄今已有50年的历史，是德国首都最大的综合性大学。真理、公平、自由（Veritas－Iustitia－Libertas. Wahrheit Gerechtigkeit－Freiheit）是1948年柏林自由大学建校时的校训。2006年1月，德国科学基金会（DFG）和科学委员会在

---

① 彭湃. 德国大学教师聘任制改革及其启示——以初级教授职位的引入为例［J］. 高等教育，2015（6）：109.

波恩公布的德国精英大学候选名单中，柏林自由大学位列其中。2007 年 10 月 19 日，德国首轮第二批"精英大学"评选最终揭晓，柏林自由大学正式成为德国 9 所精英大学之一。2012 年，柏林自由大学重新当选德国 11 所"精英大学"之一。2010 年在 QS 世界大学排名中位列第 70 位。柏林自由大学的教学和研究领域十分广泛，其中，医学、自然科学、社会科学和人文学系是柏大最大的院系。柏林自由大学还拥有人文和社会科学领域众多的"小专业"，比如，犹太研究学、戏剧学，媒体研究和奥托·苏尔研究所等部备受欢迎。

耶拿大学全名耶拿市弗里德里希·席勒大学（Friedrich – Schiller – Universität Jena），位于德国图林根耶拿市，原名耶拿大学，创立于 1558 年，是德国最古老的大学之一；1934 年改名为弗里德里希·席勒大学，以纪念德国诗人弗里德里希·席勒。耶拿大学的光学专业历史悠久，负有盛名。而德语专业硕士（DaF）则被评为德国十大最好名牌硕士专业。到 2005 年为止，耶拿大学有学生 20500 名，教授 340 名，现任校长 Klaus Dicke，是大学历史上第 317 届校长。

德国施派尔（Speyer）德意志行政科学大学，也称为施派尔德国行政学院，它位于德国西南部巴登——符腾堡州的施派尔城，其前身是州一级的行政学院，最初于 1947 年为法国占领区当局所成立，1950 年通过德国当地政府立法而得现名。该学院成立之初一段时间，按法国国立行政学院的模式建设，后经发展逐渐形成自己的特色。现为一所高级行政科学研究培训机构，具有三大职能，主要包括研究生教育、在职培训和科研。研究生教育包括对政府部门法律和经济专业人员进行参加第二次国家考试前的培训。在职培训对象主要是高级公务员。科研领域集中在法学、经济学、国际社会问题、联邦和地方政府的管理等。学院有资格授予硕士、博士学位。

结合相关文献资料、受访教师的访谈记录，我们可以了解到，德国的大学教师基本上要求具有博士学历。德国的大学青年教师的学术生存现状与特点主要体现在以下几个方面。

1. 多数青年教师具有跨学科背景，研究经历也比较丰富

通过访谈，我们发现，德国的大学青年教师多数具有交叉的学科背景，而且，研究经历也比较丰富。例如，接受访谈的 D 博士（39 岁），目前就职于德国柏林马克斯－德尔布吕克国家分子医学中心（MDC），职位是高级博士后研究员。他曾在西班牙马德里康普顿斯大学获得化学、生物化学两个本科学位，2007 年获得分子生物学硕士学位，2012 年获得西班牙马德里自由大学生化博士学位。2012 年开始在 MDC 担任高级博士后研究员工作。同样就职于 MDC 的 N 教授（44 岁，终身教职），1994 年获得俄罗斯圣彼得堡理工大学物理系学士学位，1996 年获得俄罗斯圣彼得堡理工大学生物物理系硕士学位，2003 年获得柏林自由大学分子生物学博士学位。2007 年 N 教授开始在 MDC 做博士后研究员，现在是 MDC 的研究人员并获得终身职位。T 博士（31 岁）目前就读于德国施派尔（Speyer）德意志行政科学大学，他 2009 年获得西班牙马德里卡洛斯第三大学法律、政治学双学士学位，2011 年获得意大利威尼斯 European Inter-University Institute 人权与民主专业硕士学位，2015 年 1 月至今就读于德国施派尔（Speyer）德意志行政科学大学。由此可见，T 博士也是在几个国家接受学术训练。T 博士表示，根据德国目前大学的规定，博士毕业后还必须有 6 年的博士后研究经历，才能在大学获得教职，所以觉得留在大学工作很辛苦。

就职于德国施派尔（Speyer）德意志行政科学大学的 R 博士（47 岁），1999 年获得德国康斯坦斯大学历史、哲学及政治学硕士（本硕连读），2005 年获得意大利佛罗伦萨欧洲大学历史及文明学博士学位，2006—2010 年曾在英国爱丁堡大学做博士后和助教工作，2011 年在德国伯恩地方政府环境行动理事会秘书处做都市研究分析员，自 2012 年 1 月起到德国 Speyer 德意志行政科学大学工作，2014 年 12 月，承担德国 Speyer 德意志行政科学大学公共管理"高教及科研管理"硕士课程（在职）。其中，1994—1999 年期间，R 博士还曾在意大利、柏林自由大学等大学或研究机构进行交流。由此可见，R 博士拥有多个不同的学科背景，还有丰富的研究经历。R 博士表示，之所以选择在大学工作是因为对学术有兴趣。目前，R 博士在德国施派尔（Speyer）德意志行政科学大学担任讲师、合作研究员。接受访谈的 E 博士（37 岁），就职于德国施派尔（Speyer）德意志行政科学大学监管影响评估与评测研究所，2006 年他获得德国 Westfälische – Wilhelms Universität 政治学硕士学位，2007 年获得德国施派尔（Speyer）德意志行政科学大学管理学硕士，2014 年获得德国施派尔（Speyer）德意志行政科学大学管理学博士学位。自 2007 年 5 月起，E 博士开始在该大学做项目，后来到大学附属的研究所工作。这个研究所为政府环境及规划部门就环境与基础设施的关系做咨询。

X 博士（35 岁），是一名中国人，2004 年获得北京外国语大学德语学士学位，2007 年获得北京外国语学院跨文化交流硕士学位，2013 年获得德国耶拿大学跨文化管理博士学位，现就职于德国科堡应用技术大学。X 博士是 2009 年到耶拿大学攻读博士学位的，选择在大学工作是因为对教育工作有热情，愿意与人沟通，乐于见到别人在自己的帮助下进步。

Y 博士（40 岁）就职于德国汉堡应用科技大学，担任博士后研究员。2006 年，她获得德国耶拿大学社会学硕士学位，2013 年，获得德国耶拿大学跨文化传播博士学位。Y 博士是自 2006 年起开始在耶拿大学工作的。Y 博士说，她之所以选择在大学工作，是因为喜欢学生，喜欢辅导员工作。现在她是博士后研究员，刚刚开始教学。A 博士（26 岁）是耶拿大学的在读博士生，2013 年她获得德国莱比锡大学社会学专业学士学位，2016 年，她获得维也纳大学全球研究专业硕士学位，2017 年 4 月，开始在德国耶拿大学攻读博士学位。她很喜欢在大学从事科研工作。

2. 多数青年教师更重视科研工作

就职于德国柏林马克斯 - 德尔布吕克国家分子医学中心（MDC）的 D 博士认为，研究中心更重视科研，所以科研对他来说更重要，也占用他更多的精力。已经获得终身职位的 N 教授也表示，研究所没有要求她进行教学，所以她只需要专心进行科研工作，但是科研压力比较大。

德国 Speyer 德意志行政科学大学的博士后研究员 R 博士表示，目前他独立教授自己的课程，没有助手，备课等需要占用大量的时间，所以，教学和科研分别占用 40% 和 60% 的时间。R 博士表示，在目前的大学，研究人员无须教学（该校无本科学生）。他教授的是一门选修课，他喜欢讲课，而且该课程与其科研内容相关。在科研方面，R 博士有自己的博士后项目，无须申请经费，但有发表文章的压力。在访谈中，R 博士还谈到，目前最大的压力是需要找工作。

他博士后的合同还有一年到期，德国50%的博士后不能在大学找到工作。为了他的家庭，他希望找到一个比较稳定、无须经常搬家或出差的工作。

R博士在访谈中提到，相对教学而言，科研更重要一些，评估也以科研成果为主，但没有硬性标准，主要看教授的满意程度，所以，科研工作更重要。

X博士表示，目前从时间分配上来看，教学、科研、管理这三方面工作各占三分之一，他觉得管理事务所占的时间太多了，所以，他希望减少管理事务的时间，从而让教学和科研各占一半时间。

目前就读于耶拿大学的A博士，她说，现在教学和科研所占时间分别为20%和80%。科研参与的是欧盟的项目，与意大利、英国的大学合作，有关小学教育的课题。她还提到，她不需要自己申请科研经费，但欧盟项目要求比较严格。

3. 来自科研的压力

D博士表示，现在面临的压力主要是来自科研方面。德国柏林马克斯－德尔布吕克国家分子医学中心（MDC）是全球知名的研究所，人才济济，科研项目众多，竞争非常激烈。他的科研内容主要是生物医学方法，相当于一个技术平台。很多项目都要用到，所以他参与的项目有20多个，其中大多是欧盟的重要课题，压力非常大，有些项目负责人要求很高。和20多个项目中不同性格、不同理念的人员协作也有很多压力。参与项目比较多也就意味着填表、报告等行政工作也会比较多。D博士很无奈地表示，以前没有想到搞科研会这么辛苦，以为就是按自己兴趣研究就可以了。

N教授表示，在MDC，她现在参与5个科研项目。由于她的博士生导师、现在实验室的负责人是一位知名教授，所以科研经费比较充足。但是，她仍然会有申请科研经费的压力，因为实验室科研人员也比较多。最大的压力来自动物实验报告，因为内容多、要求高、审查严，如果审查通不过，会有被禁止动物实验的可能，因此现在的工作占用她大量的时间和精力。

T博士目前还是在读博士生（德国施派尔（spyer）德意志行政科学大学），所以，他表示，由于只做自己的博士项目，所以没有申请经费等压力。和导师有经常性的交流，评估也是由导师做出的，往往是非正式的。目前对博士生的评估，对发表文章没有硬性规定。

E博士表示，他目前在研究所主要负责承担咨询项目。这些项目都是通过申请来获得，虽然面临竞争，但由于该研究所在这方面处于领先地位，所以拿到项目并不是很难。目前的压力主要来自手头项目太多，时间太紧，很难找到合格的工作人员。一般每个项目由3-4人完成，所以，项目必须顺利完成也有一定的压力。在访谈中，E博士提到，对他科研工作的评价主要是来自客户。如果客户表示满意说明他的工作完成得很出色。在科研方面的困难主要是后勤支持不得力，而根据学校已有的《德国劳工法》的规定，他不能长期聘用专门做后勤支持的人员。所以，在科研方面，后勤支持不得力是E博士目前面临的最大困难。

X博士提到，科研方面申请课题经费非常耗费时间和精力，而他申请课题的经验还比较少，所以目前他只在做自己的课题；此外，他也觉得，系里团队合作有待加强。

Y博士还提到，科研课题由学校挑选，比较注重能提高学校声望的课题，因而，做科研课题并不能满足个人的兴趣。个人可以自由申请第三方的经费。如果可以的话，她自己希望能够做到科研和教学各占 60% 和 40% 的时间，但现在几乎没有参与科研课题。

4. 社会兼职以及来自教学的压力

就职于德国柏林马克斯－德尔布吕克国家分子医学中心（MDC）的 D 博士，他在访谈中表示，在这个研究中心，他没有教学任务。但是，他曾在西班牙马德里自由大学和马德里弗兰克·德维多利亚大学担任过 4 年助教，讲授生化专业课程，课时分别为 40 小时/年和 12 小时/年。当时第一年和另外一位教师合讲，后来三年则只有他自己，没有助手。感觉压力主要来自备课占用大量的时间。尽管西班牙的大学规定教授必须讲课，但实际上很多教授把教学分给博士生或博士后研究员。所以，就目前来讲，D 博士在教学上没有什么压力。同样，在该中心获得终身职位的 N 教授也不需要从事教学工作，只需要专心从事科研工作，所以，在教学方面不存在什么压力。

在访谈中，T 博士表示，因为是在读博士生，所以他只开了 1 门选修课。由于不是必修课，也无须考试，所以教学上没有压力。对教学的评估是由学生反馈。学校给学生发放问卷，问卷包括各项和教学有关的内容，学生一一打分。问卷在考试之前发放，所以不受分数影响。但学校并不和教师就问卷结果进行交流。

E 博士在访谈中表示，他所在的研究所并不要求他讲课，但他本人由于很喜欢，就担任了本科及在职研究生的课程，大约每学期 30－40 节课。其中 1 门是由他单独负责，其他课程是与其他教师合作，并不感觉有压力。

X 博士在访谈中提到，在耶拿大学他每周给本科和硕士生授课 8

学时，在科堡大学给硕士生讲课，每周 30 学时。他负责一个大的教学模块，和多位教师合作，经常一起讨论。在科堡大学有 3 名全职教学辅助人员。教学的压力主要来自时间不够充分，不能完全满足学生的个性化需要。另外，作为教授要承担管理事务，还要为企业做咨询。他觉得，管理事务占用太多时间，学校对教学支持不够，他希望学校在教学、考试方面有更好的衔接，应该多找一些助教分担工作。

Y 博士现在是博士后研究员，刚刚开始教学，每周 3.5 学时。现在合同要求利用 62.5% 的时间教学，每周 12 学时。课程基本内容由合作教授决定，开始时需要确定教学目标，各个教师分别独立讲授自己的专门课程。教学是她的主要任务，其他做一些文化交流活动，如印度 – 德国学生间的交流。有些课题她想参与，但由于合作的教授不感兴趣，因而不能实现。Y 博士表示，在总体框架下她可以自己决定教学内容。她觉得学校的教学体制很好。

谈到教学评估，Y 博士表示，教学评估是同事之间互相评估和根据学生反馈。但这些结果只是传达给教师，并没有作为评价工作成绩的标准。对于总体工作并没有阶段性评估，有问题随时讨论解决，也没有明确的阶段性目标。

5. 工作辛苦，晋升体系及规则有待完善

在访谈过程中，多数教师表示，晋升与评价体系及规则有待完善。D 博士表示，他在西班牙马德里任教时，晋升竞争非常激烈，但评估系统不公平也不透明。虽然有正规的评估制度，还有政府参与的评估委员会，但实际上要得到晋升全靠自己和导师的人际关系，腐败情况极其普遍。这也是他离开西班牙来到德国工作的原因，他已经对当地的体制完全失去了信心。现在德国这个研究中心（MDC）评审很公平，但过于灵活，没有固定的标准。之所以采用这样灵活的标准，是因为 MDC 非常鼓励研究人员流动，很少有终身职位，大多数工作人员只能拿到 2－5 年的工作合同，之后就必须离开。D 博士认为这不利于留住人才。

在访谈过程中，N 教授表示，她之所以能够破格获得终身职位，主要是由于领导向研究所的高层建议，这使她感觉稳定了许多。研究所每 5 年对员工有一次评估，但对于已经成为固定员工的 N 教授来说，评估意义同样不是很大，因为她的岗位已经固定，在 MDC 已经没有晋升机会了，如果想要晋升就需要换工作。此外，研究所自带的幼儿园也给她减轻了很多负担。

C 博士（33 岁）是一位中国学者，他作为访问学者在柏林自由大学进行交流。根据他的了解，柏林自由大学教师晋升走任期轨道（tenure track），晋升评估也主要看论文数量及影响因子等。

R 博士提到，德国博士后毕业之后必须做出选择，是否在大学工作，即使在大学找到工作，也只有 50% 的人能够最终晋升到教授，其他人必须自己找到项目经费才能留在大学。R 博士认为，要成为教授不仅科研上要出色，社会关系也非常重要。R 博士还在访谈中提到了这样的情况，在德国科研人员的职业道路比较保守，流动性高，很难兼顾家庭，所以有一部分人不选择在大学工作。

谈到晋升问题，E 博士说，他现在是高级研究员，在研究人员中已经到了最高层次，在同一单位无法再晋升了。此外，他的工资固定，不与项目挂钩。

谈到对教师的评估以及晋升体系，X 博士表示，学校对个人的评估标准包括论文发表数量、教学能力、举办会议以及学术影响力、获奖情况等。德国大学晋升体系与英美等国体系不同，没有一定的路径和晋升步骤，对于青年教师而言，完全不确定是否能够拿到教职或晋升，一切由大学按照自己需要来决定。所以很多人选择不在大学工作。另一方面，X 博士认为，能被德国的大学留用的都是对自己工作比较有激情的人。

A 博士表示，她对大学教师的晋升机会和渠道都不是很明确。据她了解，大学中很多职位除了学历背景和发表文章外，还要有一定人际关系才能获得。所以对年轻人来说，博士毕业后是否继续留在大学工作是一个非常困扰的决定。

二、荷兰的大学青年教师学术生存现状与特点

荷兰的大学引入了终身制（tenure track）。青年教师担任博士后研究员是有一定聘期的，是否能够留在所在的大学，并最终获得教职还尚未可知。即使留在某所大学担任讲师，在获得终身教职之前，在科研与教学方面，青年教师的压力都是很大的。由于在大学工作，科研压力比较大，有一些博士毕业生在完成博士后研究工作后或担任一段时间讲师之后，也会选择放弃大学中的教职，去企业工作。最后能够留在大学中从事教学与科研工作的人，都是对教学与科研充满激情的人。

荷兰埃因霍温理工大学，其高质量的教学、科研在荷兰国内和国际上都具有极高知名度。埃因霍温理工大学在许多领域对荷兰的发展都有巨大的贡献。它与代尔夫特理工大学、特温特大学构成荷兰顶级理工大学联盟 3TU，每所大学在国际上都享有盛誉。其在

2013—2014 年泰晤士高等教育世界大学排名上位列世界 106，是一所名副其实的世界一流大学。该大学设有 11 个本科专业、22 个硕士专业以及 11 个两年制的博士专业。除此之外，该校的斯坦埃克曼学院还设有 10 个研究生技术设计专业，该校研究生院设有各种研究生课程。2013 年，TU/e 大约有教职工 3055 人、本科生 4973 人（其中 4% 为国际生）、硕士研究生 3238 人（其中 16% 为国际生）、博士生 1210 人、毕业工程师 20000 人、技术设计硕士 1000 人，并授予了 2000 个博士学位。而马斯特里赫特大学也以高度的国际化特色著称，在目前拥有的 16000 名学生中，国际学生比率占该校总人数的 45%，教职员工中海外教师的比率也占到了 30%，该校多数的硕士课程都用英文授课。该校曾连续被荷兰教育部评为教学质量最好的大学，在荷兰高等教育委员会评估一直获得最高分数，位列高校前三甲，是荷兰顶尖大学之一。

接受访谈的青年教师中，在荷兰埃因霍温理工大学任职的教师有 3 名，在马斯特里赫特大学任职的教师有 4 名。首先，我们先简单了解一下荷兰的大学教师聘任、晋升及评价制度。结合相关文献资料、受访教师的访谈记录，我们可以了解到，荷兰的大学教师基本上要求具有博士学历，并且取得在大学执教的教师资格，然后从助教开始，大学会要求该教师与大学之间签订一个为期四年的工作合同，这样就会进入一个相对稳定的阶段。大学教师会按任期轨道（tenure track）来晋升。四年合同期满，该教师会经过一个大学委员会的全面评估，通过的教师有可能拿到终身教职。但是，如何才能通过试用期最终拿到终身教职？受访的教师表示，学校有一定的标准与规定，但目前这项规定还不是非常明确。该委员会对学术成果的评估比较公平、合理，没有规定硬性指标，不以发表论文多少来衡量，也不会强调论文的第一作者。学校并没有硬性指标来进行衡量，即使没有达到预期目标，评审委员会也会根据实际情况做出客观评价，评审委员会十分看重青年教师个人的发展潜力。

晋升各个阶段评估标准不尽相同，而且不是十分明确。评审委员会主要考察以下几个方面：教学、发表文章数量和质量、获取经费能力、领导能力、社会职务、在该研究领域的影响力。晋升各阶段评估委员会规格也越来越高。从校内委员会到由校外人士组成的委员会。受访的 M 教授曾提到，在审查她博导资格时要求必须荷兰所有高校同一专业专家都一致通过。她认为这一制度比较公平，而且在不断改善。但她在评审过程中仍然会遇到一些偏见和歧视，尤其是性别歧视。M 教授表示，该审查制度需要进一步改进与完善，例如，应该更多考虑文章的社会影响力。因为，对于 M 教授的专业领域来说，文章的社会影响力远远比数量和所发表的刊物更为重要；此外，该评审制度没有给予教学质量足够的重视。M 教授作为一个在荷兰高校中工作的外国人（美国人），她认为，死板的《荷兰劳工法》对学校自由聘任人员是一个很大的障碍。

一些青年教师在申请终身教职的过程中，会得到老教师的指点和帮助，L 博士就在访谈中提到，她在这方面得到了很多帮助和支持，有 3 位经验丰富的指导教师帮她制订了个人发展计划，明确了阶段性目标，最终，她顺利地拿到了终身教职。助教一般分为两级，之后是副教授和正教授。青年教师一般在得到终身职位后晋升压力较小，因为薪水和待遇足以让教师过上比较体面和满意的生活。荷兰的大学青年教师的学术生存现状与特点主要体现在以下几个方面。

1. 热爱教学与学术，对教学与科研充满热情

荷兰大学青年教师中的多数人对于自己职业的选择都比较明确，他们正是由于热爱教学工作或是热衷于从事科研工作才选择了大学的教职。而且，他们中的多数人都十分明确"大学教师的职责与压力"。就职于埃因霍温理工大学的受访者 H 副教授（41 岁）就十分明确地表达了"之所以选择在大学工作就是因为他热爱教学和科研工作"，H 副教授在 2003 年博士毕业后立即得到埃因霍温理工大学的助教职位，随后又去美国做访问学者，于 2004 年正式开始在埃因霍温理工大学的工作。H 副教授一再强调，"年轻人在选择大学教师这一职业之前一定要了解该职业的内涵，衡量自己是否适应这种工作内容和方式，对可能遇到的压力有所准备"。

受访的同样就职于埃因霍温理工大学的 S 博士（高级助教，女性，终身教职，39 岁）也表示，她之所以选择做大学教师主要是因为她热爱科研，也喜欢帮助学生成长。她认为，大学阶段是人生做出选择的重要阶段。同时，S 博士也表示，决定在大学工作之前要明确自己对职业的期望，因为大学教师这一工作不适合喜欢朝九晚五工作或希望成为百万富翁的人。

接受访谈的 L 博士（34 岁，终身教职）也就职于埃因霍温理工大学，她曾在访谈中提到，她在博士毕业前夕曾经打算去企业就职，但经过了解，她发现企业的科研过于短期和肤浅，而她希望在大学中从事更加深入的科研工作。因此，最终她还是选择留在大学里工作。正是由于对教学与科研的热爱与追求，接受访谈的青年教师都表示，对目前的收入与待遇比较满意。例如，受访的 L 博士表示她

本人对学校的教学、科研安排及评估体系相当满意，对收入也比较满足，因为她不追求经济上的富有。

V 博士（31 岁）就职于马斯特里赫特大学，在访谈中，她曾谈到，以前从未想过要在大学里工作。但作为外国人（美国人）在荷兰很难找到一般的大众化职业，只有在高度专业化的领域才有可能，而马斯特里赫特大学给她提供了工作机会。B 博士（35 岁）也表示，在读博士以前，没打算在大学工作；读博士期间及之后发现自己很喜欢从事学术研究，所以决定申请在大学工作。K 博士（39岁）2010 年博士毕业后开始任教于马斯特里赫特大学，他在访谈中表示，选择大学工作的原因是希望继续从事科研工作，对这份工作和课题研究比较感兴趣。

2. 多数青年教师拥有博士学位，并且研究经历比较丰富

受访的青年教师都具有博士学位，而且他们的研究经历都比较丰富。例如，H 副教授在埃因霍温理工大学完成了本科至博士的学习，并获得博士学位，然后留校工作，随后他又去美国 MIT、美国弗吉尼亚大学、英国剑桥大学做访问学者和进行研究工作，2012 年5 月返回埃因霍温理工大学担任机械工程系副教授。也就是说，H 副教授在确定留校工作以后，在学校里仅仅工作了 4 个月，就开始外出交流学习，在 MIT、剑桥大学等大学交流学习 3 年半左右，然后重新返回埃因霍温理工大学工作。在几所世界一流大学中交流与学习，让他受益匪浅。如此丰富的研究经历必将为 H 副教授未来的学术之路打下良好的基础。受访的 S 博士，2007 年博士毕业后参加工作，在经历了一些其他研究工作之后，2013 年来到埃因霍温理工大学任职，担任助教。受访的 L 博士同样就职于埃因霍温理工大学，

她分别于 2004、2007、2011 年在该校获得生物医药工程学本科、硕士及博士学位，2011 年博士毕业后留校工作，担任助教。

接受访谈的 M（36 岁）教授，任职于荷兰马斯特里赫特大学社会保障专业。她是一名美国人，在美国一所大学获得了学士学位，然后来到荷兰 Utrecht 大学继续深造，2004 年获得法律及经济专业硕士学位；2005 年在荷兰马斯特里赫特大学社会保障政策专业开始博士课程，2010 年获得博士学位，之后又继续留校进行博士后的研究工作；2016 年，M 博士已经晋升为教授。目前，她已经是一个研究团队的学术带头人。

接受访谈的 V 博士（31 岁）就职于荷兰马斯特里赫特大学管理学院，2008 年在美国丹佛城市大学获得政治学和人类学学士学位，2009 年在马斯特里赫特大学获得公共政策及人类发展学硕士学位，2015 年获得公共政策及政策分析、移民专业化博士学位。V 博士是一位美国人，她在硕士毕业后留校工作，之后继续完成博士学位，获得博士学位之后 V 博士在该校取得教职。B 博士就职于马斯特里赫特大学，他于 2007 年获得意大利佛罗伦萨大学经济学硕士学位，2011 年获得意大利佛罗伦萨大学发展经济学博士学位。博士毕业后，他分别在联合国教科文组织 UNICEF，英国 Sussex 大学发展研究所（IDS），苏黎世联邦理工学院（ETH）工作，有着丰富的研究经历。后来申请马斯特里赫特大学职位成功，2017 年 8 月正式入职。K 博士就职于马斯特里赫特大学，2002 年，他在马斯特里赫特大学国际经济专业获得硕士学位，2002 年 12 月获得新西兰 Waikato 大学政治学第二本科学位；2004 年获得爱尔兰都柏林大学学院和瑞典乌普萨拉大学人道主义援助专业硕士学位；2010 年获得瑞士苏黎世理工大学国际纠纷研究专业博士学位。2010年博士毕业后，开始任教于马斯特里赫特大学。

3. 有些青年教师不愿在教学上和指导学生上投入过多精力

H副教授在访谈中提到，他的教学与科研工作各占40%的时间，其余20%的时间是用于社会公益工作。但是，他也提到，"对我本人来说，教学与科研二者同样重要，不分伯仲。"但是，受访的青年教师表示，"因为大学对教学重视不够，导致有些青年教师不愿在教学上多花精力"，从长远来讲，必将会影响荷兰的大学教育质量。受访的S博士认为，教学与科研同样重要，因为二者相辅相成。如果让她再进一步衡量的话，她还是会把科研放在第一位。但是，她表示，她用于教学与科研的精力各占45%，其他工作占10%。在谈到来自教学方面的压力时，S博士表示，如果承担的课程是选修课的话，压力不大；但是由于有时承担的课程课时较多，需要花费大量的时间来备课，比较占用时间（科研的时间）。L博士由于目前刚刚获得终身教职，除了教学和科研，她并没有参与其他的社会工作。在时间分配上，教学大约占40%，科研大约占30%，剩余的20%用于其他行政类事务；但是从重要程度来讲，还是会略偏向科研。

马斯特里赫特大学的M教授认为，大学在教学方面给予了教师充分的自由，教师可以自己设计课程，决定授课内容；但是设计课程、选教材、写教案等需要花费大量的时间和精力。M教授在谈到教学与科研孰轻孰重这一问题时，她认为教学科研都很重要。但是，从实际评估来说，尽管学校强调二者同等重要，但实际上还是发表文章的质量和数量占比重较大，所以，她也是尽可能将二者结合。

4. 青年教师在教学上有"导师"指点，部分教师认为教学评估不够客观

受访的青年教师多数对教学内容比较满意，H 副教授表示，他所承担的教学课程主要包括每年大约 30 小时（15 小时讲课，15 小时辅导）的本科课程和每年大约 30 小时的硕士研究生的课程教学工作。其中，本科生的教学工作是必须完成的，硕士生的教学以及为学生开展的物理学讲座则是自愿完成的。在开展本科生教学的过程中，有时会有另外一位老师协助教学，同时还有两位博士研究生担任助手；有时会有高年级本科生帮忙，最多可达 10 人协助教学，所以对本科生教学任务比较满意。对于研究生的指导，有一些困难，由于研究生需要单独指导，而学生人数多，所需要的时间就会比较多。

L 博士目前教授的课程，是和一位经验丰富的老教师一起为硕士生开设的，授课和辅导课每周共计约 15－20 小时，目前没有学生助手。由于 L 博士授课经验不是很充足，所以她在授课过程中每周都会向老教师请教，她认为通过研究生课程，她也学习和成长了很多，对于开展科研工作也很有帮助，真正体会到了教学能够促进科研工作。此外，L 博士认为自己承担的教学任务比较合适，刚留校的时候，还需要准备教师资格证的考试，压力比较大。目前在教学方面存在的困难主要在于缺少教学经验，她希望在三位指导教师（教学方面经验比较丰富的教师）的帮助下，自己努力提升教学水平，早日成为一名好教师。任职于马斯特里赫特大学的 M 教授认为，青年教师在晋升过程中需要找到一位很好的导师或领路人，这是非常重要的，这样在导师的带领之下可以少走很多弯路。

　　H 副教授认为，教学评估不够客观。目前荷兰的大学中教学评估主要由两个部分组成，主要包括学生通过率及学生评价。H 副教授认为，很显然，这样的评估不够客观，教师的自主权比较小。同样任职于马斯特里赫特大学的 V 博士认为，学校对于科研的评估比较公平。但是在教学评估方面，学校并没有外部评估，所以她认为，单凭学生的成绩及反馈并不能完全说明教师的教学质量。而且教师的级别越高，对于教学的评估越松。V 博士也认为，教学评估不够客观，希望学校为教职工提供更多个人发展的指导和帮助。

　　B 博士在访谈中提到，他以前曾在佛罗伦萨大学和 IDS 工作过，那边也没有对教学进行评估，在科研方面主要审查发表的论文，但认为论文的质量比数量更重要。B 博士目前担任助教，在马斯特里赫特大学会走任期轨道（tenure track）晋升，等待 4 年后的评估来决定是否能够拿到终身教职。目前来讲，这个大学晋升评估的具体标准，十分不清楚。B 博士也感觉到压力。但是，他表示这种压力不是来自收入方面。

　　5. 科研经费申请比较困难，课题经费报销等手续烦琐

　　受访的青年教师多数对科研比较满意，但是他们都表示，科研经费的申请比较困难；此外，课题经费报销等行政事务及手续比较烦琐，比较耗费精力与时间。H 副教授表示，对于科研任务也很满意，因为科研的选题是自己比较感兴趣的，他主持和参与的科研项目主要包括国家项目和欧盟的项目，主要的研究领域是材料分子聚变反应，科研项目大约为 7—9 个。受访的 S 博士也表示，她自己的科研项目是带 3 个博士生和 1 个博士后，另外还参与了其他两个项目，都是欧盟项目。目前科研的压力主要来自于申请新项目和寻找

资金支持，除此之外，就是课题经费报销等手续比较烦琐、比较耗费时间。

　　L博士目前在科研项目中指导4个博士生，此外，她还参与了两个大型的项目。L博士认为，目前科研上的最大困难是需要寻找科研经费，现在她每周至少花费1天用于寻找经费来源。虽然L博士的博士指导教授是一位知名教授，能够拿到很多科研经费，但是L博士还是希望能够更多地独立申请项目，获得经费。

　　任职于马斯特里赫特大学的M教授目前负责17个科研项目，其中亲自参与的项目有13个。这些科研项目大多来自联合国、荷兰政府、欧盟等。她认为，来自科研方面的压力主要是申请项目、拿到项目、获得经费。因为她所领导的科研团队有30人，只有5人是正式员工，其他人的工资都需要从项目经费中获得。而多数项目科研经费和时间都非常紧张。此外，M教授还表示，目前科研经费都是来自项目，基本没有可以用于做自己感兴趣的课题的预算。她认为应该多设一些能让研究人员自主选题的基金项目。

　　V博士也是就职于马斯特里赫特大学，她目前参与的科研项目多数是来自联合国、荷兰政府、欧盟等。V博士觉得，目前科研方面的主要问题是科研项目全部都是竞标而来。投标时不仅是价格，时间也是重要部分，其结果是价格低、时间短的标书得到项目。但这么少的经费和这么短的时间不但给研究人员带来巨大的压力，而且往往不能高质量地完成。就她个人的情况来看，她希望自己多做科研，多发表一些文章。但由于收入和教学挂钩，她又不得不把大部分精力放在教学上。

　　B博士由于是刚刚入职，所以在马斯特里赫特大学会继续参与以前 ETH 未完成的 3 个项目。这些项目有些是自己的课题，申请到了 ETH 的经费；有的是参与别人的项目。申请基金项目压力比较大，尤其在英国 IDS，项目都必须在外部申请。

K 博士的情况比较特殊，他的工资完全由教学工作支付，所以他不需要专门去申请科研基金。他的科研本身也不需要很多经费，这使他减轻了很多压力。但同时他必须把教学工作作为重点，而科研工作，他只能挤出自己的时间来做。他在国际国内纠纷、政权交替等方面做了一系列研究工作。正是由于教学是 K 博士的工作重点，所以在科研方面，他的时间比较紧张，发表文章也不多，这也使他在任期轨道（tenure track）的晋升过程中暂时停留在助教阶段，影响了晋升。此外，学校对 K 博士的工作每年评审一次，考核他是否完成年初设定的目标。评审过程比较公平。

6. 社会兼职以及来自教学的压力

受访的 S 博士，她的专业领域是生物医学工程及骨组织工程，因此，她不仅是荷兰埃因霍温理工大学的高教助教（终身教职），而且她还是复杂分子系统研究所的核心成员，在瑞士联邦理工学院承担研究项目。S 博士目前在埃因霍温理工大学主讲生物医学工程系本科基础组织工程学课程，合作讲授本科骨细胞及组织力学、生物材料等课程；此外，她还在瑞士联邦理工学院健康科技系、信息技术与电气工程系和机械与过程工程系担任客座教师，讲授本科及硕士医疗植入物发展策略课程，她所负责的课程有时也会有学生担任助手。

就职于荷兰马斯特里赫特大学的 M 教授，社会兼职比较丰富，她担任了大量的社会工作，如各类协会及政府智库成员等，她还经常去世界各地进行演讲。受访的 M 教授是一个"超人"教授，她同时负责 8 门课的教学，亲自讲授 6 门课程，包括本科和硕士课程，课时大约 300—400 小时/年。有 2 门课程是与其他老师合讲，授课过程中配有教学助手，他们经常一起讨论与交流。同时，M 教授指导 9 个博士生。所以，M 教授认为，她在教学方面面临的压力主要来自时间，因为她觉得让每一名学生都得到良好的教学效果是不容易的。

　　同样就职于马斯特里赫特大学的 V 博士，她刚获得教职两年，是大学教师中的新手。她表示，自己目前作为管理学院的固定研究人员，大约 70% 的时间用于教学及行政工作，她负责 1 门硕士课程的全部教学内容，另外 3 门硕士课程与其他教师合讲。每年大约有四个半月的时间用于教学及相关工作。在与其他教师合讲的课程中，她会经常与其他教师进行研讨与交流，此外，她也会指导博士生或博士后研究人员。V 博士认为，她在教学方面的压力主要来自承担的硕士课程较多，随着研究生数量不断增加，工作量不断加大，而目前还没有找到得力的助手。另外，V 博士在教学方面的困惑还包括目前她还不能独立开设新课程，但是在课程教学中可以自主决定教学内容。V 博士觉得，目前的教学不是十分适合自己。她觉得自己应该多进行科学研究，但是，现在的状况是必须要有 70% 的时间和精力（包括收入也是）来进行教学和其他行政工作。她觉得，学校内部在协调教学方面有待提高。除此之外，V 博士还担任考试委员会的委员等兼职工作。

　　B 博士表示，由于自己在马斯特里赫特大学刚刚入职，教学工作还没有开始，但签订的工作合同中明确规定 60% 的时间用于教学，

40%的时间用于科研，所以第一年要教 1 门主课，1 门短期课程和其他几门的部分内容。有的独立讲，有的和其他老师合讲。以前在其他大学如佛罗伦萨大学和 IDS 也讲过课，都是讲《发展经济学》，所以觉得没有什么压力。

K 博士现在不仅是马斯特里赫特大学的助教，他还同时兼任联合国大学的项目负责人。他主管公共政策和人类发展硕士专业的全部 28 门课程的教学工作，包括课程设置、设计、选定及编写教材等。K 博士自己主讲 2 门课程的全部内容和 1—2 门春季课程。教学大约占 60%的时间。此外，他还指导 4—5 个博士生，还对本科生进行指导，在几个学术委员会中任职。对于他主管的专业课程他全权负责，因此他会经常和其他任课老师以及助手进行讨论。学校领导对他的工作十分支持与信任，近几年由于招生数量不断增加，教学经费也比较充足（来源于政府拨款和学生的学费，这几方面都和招生人数有关），所以感觉教学方面压力不大。但是，K 博士觉得，教学方面需要花费大量时间和精力，目前组里教师的教学水平参差不齐，学校对教师培训有待加强。虽然大学里需要教师参加教师资格的考核，但 K 博士觉得这一考核太过于简单。另外，K 博士认为，大学招生人数应该有所限制，不能一味扩招，否则教师资源不足，又不易招到合格的新人，现有人员的压力会增加。

荷兰大学联合会（VSNU）主席 Babs van den Bergh 表示，荷兰几乎所有的大学都在试行 tenure track（终身轨）。具体申请的程序是，博士后结束后需要本人提出申请，各校有专门的委员会进行审查。审查的标准包括论文质量、数量、社会影响力、申请项目的档次和数量等，还有需要根据本校的实际需要制定的特定标准等。近年来，教师的授课水平所占比重也越来越大，科研拔尖但教学很差的申请者基本很难得到终身教职，而且一定不可能获得博士生导师资格。

审查结束后，荷兰高校的博士毕业生在博士后学习结束后约有80%不能留在大学工作（据相关数据表明，其中绝大多数很快能找到其他工作）。也就是说，只有大约20%的博士后能够在大学里得到职位，他们从讲师开始做起，一旦进入 tenure track（终身轨）就能够比较稳定地晋升，只有大约5%被淘汰。还有少数职位是专门教学的职位。各校 tenure track（终身轨）的途径略有不同。大学教师大致是经过这样一个晋升的过程：大学教师（助教）——大学主导教师（副教授）——高等教席（教授）。大学教师的淘汰率由学校和荷兰工会协商决定。荷兰大学中所有教师享有固定位置的比率不能低于78%。

这些青年教师也面临很大的压力，主要是工作负担比较重。除了繁忙的科研和教学任务，他们还必须花费大量时间通过各种渠道申请科研经费，而近年来科研经费的申请越来越困难。申请到了外来的经费和项目一般不会带来私人的额外收入，除非项目产生了专利，此时大多由各校与当事人单独订立相关协议。但是，大学教师的收入都足以维持生活。

第八章

结　论

　　鉴于该研究问题的复杂性，我们选取了位于北京市的两所高校（A 校和 B 校），位于浙江省杭州市的一所大学和一所学院（C 校和 D 校）进行了问卷的发放与回收、分析并对其部分青年教师进行了访谈。由于研究条件的限制，我们对于我国台湾地区的高校没有选取案例学校进行研究，只是就台湾地区高校青年教师的学术生存状况与特点进行了一个总体的介绍与分析。在国际比较一章，由于研究条件所限，我们对日本名古屋大学等 5 所高校或研究机构的 7 名日本学者进行了访谈，对德国耶拿大学等 4 所大学或研究机构的 9 名青年教师进行了访谈，对荷兰马斯特理赫特大学等两所大学共计 7 名青年教师进行了访谈。结合相关文献，通过数据与访谈文本的整理与分析，我们得到了以下结论与反思。

第一节　高校青年教师学术发展的总体趋势与特点

纵观国内高校（A 校、B 校、C 校、D 校以及台湾地区的高校）、国外高校（日本 5 所高校或研究机构、德国 4 所大学或研究机构、荷兰 2 所大学）青年教师学术现状与特点，我们可以看到，高校青年教师学术发展总体上呈现以下一些特点。

一、教学与科研之间：在夹缝中求生存

对于青年教师来说，教学与科研是两项最重要的任务。从理论上来讲，科学研究能够在一定程度上促进教学工作的开展。但是，在现实的高校中，教学与科研所带来的双重压力比较明显。首先，无论国内国外的高校或研究机构普遍存在"重科研、轻教学"的现象，国内的高校尤其明显。如位于北京市的 A 大学（"211"理工科大学），在问卷调查中，有 50.9% 的青年教师完全同意这个观点，有 30.7% 的青年教师基本同意，也就是说，约有 81.6% 的青年教师同意这一观点。同在北京市的 B 大学（北京市属的文科类大学）虽然也存在"重科研、轻教学"的现象，但是却略有不同，在问卷调查以及访谈中，青年教师纷纷表示科研压力大，有 75% 的青年教师表示"工作负担重"；教学方面也呈现出了一些突出问题，如 B 大学规定教师每学年需要完成 192 课时的教学工作量，但是在青年教师的实际工作中，却呈现出"两极分化"的态势：一部分青年教师课时量不足，"想方设法找课上"；另一部分青年教师却是超额完成教学

工作量，"不想上课也得上课"。杭州市的 D 学院是一所高职院校，那里的青年教师存在教学工作量连年超标，教学任务非常繁重的问题。由于高职院校适应经济发展的需要，对应细化职业与岗位，不断开设新专业，若教师讲授的课程为实践类课程，则需要投入更多的时间与精力，积极联系相关企业，进行教学设计，并确保教学实践过程中的有效性。我国台湾地区的高校也存在"重科研、轻教学"的现象，台湾地区的高校青年教师从事课题研究皆以"可以尽快发表论文"，尤以"能计最大点数"为要务，至于论文的质量、是否符合兴趣、学术贡献程度则不是优先考量的。在对日本高校的调查中，日本的大学教师更热衷于进行科学研究，对教学的热情不高；与男教师相比，女教师更愿意将精力放在教学方面。德国大学的多数青年教师更重视科研工作，尤其是一些在研究所工作的青年教师；荷兰的大学青年教师也表示，"由于大学对教学重视不够，导致有些青年教师不愿在教学上多花精力"。

二、教学工作与科研工作：课题申请困难，没有学术领路人

对于高校青年教师来说，他们的职称大多是讲师、助理研究员甚至是助教，处于学术职业金字塔的基础层。按照当前高校科研申报制度，处于基础层的青年教师陷入了一个窘迫的境地。在 A 大学的调查中，青年教师在研的课题 41.3% 的是校级课题。因为现有的科研项目申报制度，对于教师资历设有显性或隐性的准入限制。许多高层级的科研项目只有资深教授和学校领导才有机会申请到，对于青年教师来说，并不容易申请。青年教师除了"职称"这一硬性指标不占优势之外，在社会资本和经济资本方面也处于劣势，进行

高级学术交流机会较少，发表学术论文难度较大；在现实压力之下，只能放弃自己的研究兴趣，很可能在很长一段时间跟随资深教授的脚步，从事一些和自己专业与兴趣无关的研究工作。B 大学的调查结果显示，有些青年教师并非是师范专业出身，因此没有接受过系统的教学培训，虽然大多数教师都参加了入职培训，但是对于"如何教""怎样教"大都靠自己摸索或自行向有经验的教师请教，尤其是在任职初期，导致他们在教学过程中无法达到理论和实际的完美结合，要改变这种现状可能因人而异，有些人可能需要几年的时间。总而言之，青年教师在教学工作和科研工作方面，缺乏学术领路人。位于杭州市的 C 大学是一所理工科大学，通过调查，我们发现，青年教师大多数仅限于帮"课题负责人"完成相关任务，一定程度上缺乏学术引路人的指导和引导，没有真正地实现老教师对青年教师的"传帮带"。位于浙江省杭州市的 D 学院是一所高职院校，在调查中，我们发现，青年教师缺乏实质性的学术引导，基本上是单兵作战。与此相对，国外的情况要好一些。荷兰马斯特理赫特大学的青年教师在接受访谈时表示，一般来说，青年教师在教学方面都会有一位"导师"（资深教师）来进行指点，有时老教师也会和青年教师共同开课，这样有助于青年教师的成长。在美国的研究型大学中，针对青年教师实施了"导师制"，也就是说，帮助青年教师寻找一个或多个专业领域内的资深教师作为职业导师，在青年教师与资深教师之间建立起指导关系，在教学、科研方面提供指导和帮助，帮助青年教师逐渐走向成熟。

三、学术金字塔底层的艰辛：晋升体系及规则有待完善

在调查中显示，台湾地区的高校青年教师，他们处于学术金字塔的底层，扮演着大学学术长工的角色。青年教师是高校教师资格制度里的基础层的助理教授，一方面授课时数最多，多被指派参加各种委员会，兼任大量行政工作、招生任务；另一方面又必须投入更多心力用于论文发表，青年教师的青壮年时期，可以说都是在晋升考核制度中度过的。而且，台湾地区高校以绩效主义为评定导向，加大研究考评在教师晋升、奖励评定中的比重，青年教师入职以后面临与日俱增的学术研究压力，考核的内容主要包括教学、研究、服务、辅导以及产学合作等项目，当时多数高校最终仍比较看重论文发表，尤其是论文的数量。换言之，台湾地区高校对于教师的考评简单等同于"论文发表"的量化数据，导致青年教师的教学、研究、服务和辅导，纷纷走向形式主义，走入追求功利的短期速成的歧途，最终导致多数的青年教师不重视教学，只是陷入了"拼论文，求生存"的尴尬困境。

A大学的调查中，约有42.6%的青年教师认为存在职称、职务晋升困难的问题，约有25.9%的人认为考核机制不合理，约有50.9%的人认为"在职称评定中存在重科研、轻教学现象"。对于青年教师来说，首先面临"非升即走"政策的压力。包括A大学在内的许多高校都实施了青年教师"非升即走"的政策，即青年教师若在一定年限内（通常为5—6年）不能从讲师升到副教授，便要转岗或者直接终止在该校的职业生涯。其次，是以科研为绝对主导的考核机制，压抑了青年教师的教学热情，僵硬量化的考核方式让许多教师在学术科研成果上疲于奔命，只求"量"而忽略"质"。青年教师纷纷表示，晋升和考核体系亟待完善。

第二节　北京地区高校青年教师学术生活的独特性

从某种意义上来讲，我们谈论高校青年教师的学术生存现状与问题时，不能忽视区域性、学校性、学科性的差异。在经济发达的一线城市或者是东部沿海地区的高校里，因为学校里有一批颇具影响力的德高望重的学者，往往对学院体制的工具化有一种反思性甚至是排斥性，反而造成了一种学术权力的相对自由甚至多元化的状态，从而自然形成了青年教师的庇护空间①。因此，在探讨高校青年教师学术生存现状与特点时，的确需要考虑地域性、学校类型以及学科之间的差异。在研究中，我们发现，北京地区高校青年教师学术生活具有以下几个特点。

一、整体收入不高，生活压力大

我国高校青年教师的收入普遍不高，无论是行业之间与企业员工对比，还是行业内部与中小学教师或与同在高校的副教授、教授等高职称、高资历者相比，高校青年教师的经济地位都不理想，收入差距较大。尤其是在高生活成本的一线城市北京，青年教师的收入不高（以 A 大学为例，初入职的讲师月薪约有 5000 元左右），而开销较大。青年教师多是历经多年苦读，博士毕业（或是经过博士后研究阶段），年近三十来到大学工作。多年求学少有积蓄，同时面

---

① 唐小兵. 十字街头的知识人 [M]. 北京：中国人民大学出版社，2013：73.

临结婚生子、置办房产等人生大事的开销，对于刚投入工作的青年教师来说，无疑是难以承受之重。

二、学术氛围浓厚，科研压力巨大

在上文中我们提到，在北京高校中工作的青年教师承受着巨大的生活压力，当然，这个压力不仅是来自经济生活方面的，也是来自学术生活方面的。北京作为中国的首都，是直辖市、国家中心城市、超大城市、全国政治中心、文化中心、国际交往中心、科技创新中心。因此，北京的高校有着得天独厚的优势。北京是全国教育最发达的地区之一。截至2012年，北京市共有普通高等院校91所，其中包括清华大学、北京大学、中国人民大学、北京师范大学等全国最为著名的学府。全年本专科在校生达到57.7万人①。北京市共有52所高等学校和117个科研机构培养研究生，在学研究生达到20.9万人。北京是全国高等院校的中心，聚集了全国数量最多的重点大学。地处北京的高校，国际化程度比较高，学术氛围浓厚，高端的国际学术研讨会频频召开，学术信息量巨大。与此相对的，以A大学和B大学为例，青年教师由于职称不高，许多高层级的科研项目对于青年教师而言，还是不容易申请，发表学术论文难度较大。

三、教学任务重，受重视程度小

高校青年教师在教学和科研的夹缝之中，既要承担教学的重担，又要在不利的条件下努力开展科研工作，来争取"评职称、晋升"

---

① 360百科. 关于德国 [EB/OL]. 360百科网, 2018－02－02.

的砝码。以 A 大学和 B 大学为例，青年教师长期工作超负荷运转，精力不济，难以兼顾，可能会同时牺牲了教学和科研的质量，陷入了尴尬的窘境。在有限的学术资源之下，青年教师在职称评定、职位晋升以及其他福利待遇方面，可能处于边缘地位，受重视程度小。此外，在面对学校的教学管理制度、报销制度时，青年教师也往往会显得无所适从。

此外，与其他地区相比，北京地区浓郁的学术氛围，相对公正公开的评审环境，让广大青年教师能够保持内心对学术的向往与执着。与其他地区相比，北京的开放性、国际性、包容性，让学术的发展以及学术评审制度更为规范化。也许，这正是北上广等特大城市吸引青年人的独特魅力。

尽管北上广经济压力大，但是社会生活和社会价值观相对多元化，这对于探索生命价值和追求自我价值实现的年轻人来说，却是不可或缺的环境因素。对于高校青年教师而言，物质上的困难也许假以时日会获得克服，可是精神上的苦痛与学术上的荒芜，却将成为一个年轻知识分子自我实现的魔咒[①]。北京作为特大城市的魅力，让更多憧憬着实现自我人生价值的青年学者为之眷恋，为之奋斗。

第三节　北京地区高校青年教师学术
生存困境的相关对策与建议

鉴于北京地区高校青年教师学术生存现状、困境与特点，我们提

---

① 唐小兵. 十字街头的知识人［M］. 北京：中国人民大学出版社，2013：73.

出了以下一些对策与建议。

一、提升教师的社会地位，提高高校教师的工资待遇

我国著名教育家顾明远先生在 20 世纪 80 年代就曾提出"提高教师的社会地位"，并积极主张设立"教师节"。时至今日，我国高校教师的社会地位虽然有所提高，但是我们认为，应该将高校教师提升到更高的位置上，让高校教师成为最有魅力的职业。邻国日本的大学教师一直享有较高的社会地位，身份与公务员相当，2004 年国立大学法人化以后，教师的身份也没有发生实质性的改变。日本的大学教授年薪约有 700 万日元（约合 50 万元人民币），丰厚的薪水能够保障大学教授安心地从事教学与研究工作。

学术界近几年对民国大学的教师收入进行了一些历史研究，研究表明，民国大学的教师收入及待遇确实足以让这群知识文化的传承者与创造者，在一个急剧动荡的时代仍旧可以维持一种体面而有尊严的生活。根据湖南某大学学者关于"民国初年至抗战前夕国立大学教授薪俸研究"的课题研究成果表明，1930 年北平一户普通人家每月生活费平均约为 30 元，而 1931—1934 年北京大学教授月薪收入平均约为 400 元，薪俸最高者可达 500 元（外教更高达 700 元），副教授平均月薪在 285—302 元。当时的大学教授还可以在校外有数份兼课收入。学者郭廷以曾经说，"1937 年以前的五年，可以说是民国以来教育学术的黄金时代"。这种黄金时代除了可以充分享有学术自由之外，物质生活和业余生活也都比较丰富，"优厚的薪俸可以使北京大学的教授们吃穿住行等基本生活方面都具备了极高的水准。

教授住的房子大，每月花房租费六七十元者不少见。"① 由此可见，在民国时代，大学教授的收入十分可观，能够保障他们心无旁骛地进行教育与研究工作。

在对德国和荷兰的大学青年教师进行访谈的过程中，我们发现，德国和荷兰的大学青年教师收入都比较稳定，即使是博士后研究员，他们的薪水都能够保障他们正常的生活需要，不需要再出去找其他兼职或代课来贴补家用。

二、对教师进行分类管理，改良考评体系

高校应该明确教师阶段性工作重点，对于青年教师，应该给予更多科研的机会、规定合理的年课时量，避免青年教师刚走上工作岗位就长期超负荷运转，失去了学习进修和从事科研的时间。对于专业教学，尤其是本科生教育和一些重点课程，学校应该安排专业知识和教学经验都比较丰富的资深教师成为主要承担者，也可以选择让资深教师与青年教师联合开课，更好地实现"传帮带"。

学者博耶曾提出，一位教师在不同阶段要面临不同的任务，不同类型的专业和领域学术成果多产期的时间也不同，如理科早一些，人文社科晚一些。博耶的这些思想体现了高校教师发展的灵活性和自主性②。在教学与科研这两个工作方面，每位青年教师的侧重点不同。因此，高校应对教师进行分类管理与分类评价，如 A 大学已

---

① 唐小兵. 十字街头的知识人 [M]. 北京：中国人民大学出版社，2013：72.
② [美] 欧内斯特·L. 博耶. 学术水平反思——教授工作的重点 [C] //吕达，周满生. 当代外国教育改革名著文献（美国卷三）. 北京：人民教育出版社，2004：18 - 24.

经开始进行有益的尝试：将教师分为教学型、科研型、教学与科研并重型。无论青年教师立足教学，还是主攻科研，学校都应积极引导，做到人尽其才，才尽其用。在青年教师中，的确存在"专心科研"或"热心教学"的人，就像一位学者所提到的，在学院里存在这样一群真正意义上的苏格拉底式的爱智者，他们热爱教学，他们崇尚"为知识而知识，为学问而学问"，他们重视教学，重视与学生之间的心智交流，他们将教学的意义看得更重要，而教学在当今的大学评价机制里往往显得不太重要①。在现有的大学教师考评体制之下，教学的比重的确不大，因此，我们建议，高校应对教师进行分类管理，构建公正合理的教师分类考评体系。逐渐扭转现有的唯"论文数量"是瞻的不合理的考评制度，让教师考评逐渐从"数量"走向"质量"。

在对荷兰两所大学青年教师以及荷兰大学联合会主席 Babs van den Bergh 的访谈中，我们了解到，目前荷兰的大学都在试行 tenure track（终身轨）制度。具体的申请程序是，申请人在完成博士后研究阶段以后，由本人提出申请，各校有专门的审查委员会进行审查。审查的内容包括论文的质量、数量、社会影响力、申请项目的档次和数量等，还需要根据本校的实际需要制定特定的标准。近年来，教师的授课水平所占的比重越来越大，科研拔尖但是教学很差的申请者基本很难拿到终身教职，而且根本不可能获得博士生导师的资格。据相关数据统计，荷兰高校的博士毕业生在完成博士后研究之后，大约有80%的人不能留在大学工作（有相关数据表明，他们会

---

① 唐小兵. 十字街头的知识人 ［M］. 北京：中国人民大学出版社，2013：69.

在企业等处就职），也就是说，约有 20% 的博士后能够在大学里取得教职，他们将从讲师开始做起，一旦进入终身轨就会稳步晋升，只有 5% 的人会被淘汰。此外，还有少数职位是专门教学的职位。我们可以看到，荷兰高校对青年教师的考评更看重论文的质量与影响力，也更看重科研项目的档次和质量。这是我国高校在构建教师考评体系过程中应该学习与借鉴的。

营造一个人文的自由宽松的氛围，提供有利于青年学者成长的学术环境，给每个青年教师松绑，同时在物质上提供最充分的保障，让人的内心世界先自由自在起来，不需要那么功利地计算一切，容忍一些奇思妙想的言论与行为，确立教授治校的原则，培养多元化而又相互融合的学术文化，让那些心怀理想抱负的青年人投身到学院中，获得一种内心的归属感和认同感。

参考文献

一、中文部分

（1）中文著作

[1] 戴伯芬. 教授无法承受之重——限年升等与评鉴 [M] //戴伯芬，等著. 高教崩坏：市场化、官僚化、与少子化的危机. 新北：群学出版有限公司，2015：134-160.

[2] 戴伯芬，挥尘子. 学术大富翁游戏——垄断性的学术生产 [M] //戴伯芬，等. 高教崩坏：市场化、官僚化、与少子化的危机. 新北：群学出版有限公司，2015：198-229.

[3] 戴伯芬，吴燕秋，陈思仁. 新科博士的悲歌 [M] //戴伯芬，等. 高教崩坏：市场化、官僚化、与少子化的危机. 新北：群学出版有限公司，2015：162-197.

[4] 郭丽君. 大学教师聘任制——基于学术职业视角的研究 [M]. 北京：经济管理出版社，2007：24

[5] 莫家豪，罗浩俊. 市场化与大学管治模式变迁：香港与台湾比较研究 [M]. 戴晓霞，莫家豪，谢安邦主编. 高等教育市场化. 北京：北京大学出版社，2004.

[6] 彭淮南. 高等教育与科技政策建议书——专家意见汇编

（二）［M］// "中央"研究院著. 高等教育与科技政策建议书. 台北："中央"研究院，2013：A2 – A3.

［7］教育报告书：迈向21世纪的教育远景［M］. 台北：教育部门，1995.

［8］教育统计（1995）［M］. 台北：教育部门，1995.

［9］教育统计（2005）［M］. 台北：教育部门，2005.

［10］教育统计（2014）［M］. 台北：教育部门，2014.

［11］教育统计（2015）［M］. 台北：教育部门，2015.

［12］教育统计（2016）［M］. 台北：教育部门，2016.

［13］教育统计（2017）［M］. 台北：教育部门，2017.

［14］教育改革审议委员会. 教育改革总咨议报告书［M］. 台北：行政部门，1996.

［15］赵慧君. 校园内的公共服务——高校教师岗前培训改革和发展研究［M］. 北京：中国社会科学出版社，2013：247.

［16］"中央"研究院. 高等教育与科技政策建议书［M］. 台北："中央"研究院，2013.

（2）中文期刊

［1］查永军. 学术资源配置的大学学术权力与行政权力［J］. 黑龙江高教研究，2011（3）.

［2］陈宾宾. 高校职称评聘制度对青年教师的影响［J］. 中国职工教育，2014（18）：142 – 143，158.

［3］陈先哲. "第三世界"的学术生存策略：地方大学青年教师的个案研究［J］. 教育学术月刊，2014（11）：86 – 92.

［4］陈祥东. 地方高校青年教师学术职业发展困境及其超越

[J]. 长沙理工大学学报（社会科学版），2013（3）：131－134.

　　[5] 程末. 强化分类评聘机制，推动高校教师评价科学化 [J]. 中国高等教育，2013（8）：58－60.

　　[6] 丁云华. 教学学术视角下的研究生教育与未来高校青年教师的培养 [J]. 继续教育研究，2014（1）：62－63.

　　[7] 耿益群. 美国研究型大学如何营造良性教师学术生态 [J]. 中国高等教育，2010（1）：61－62.

　　[8] 耿益群. 美国研究型大学学术职业的历史沿革及特点分析 [J]. 比较教育研究，2008（5）：46－51.

　　[9] 谷志远. 高校青年教师学术产出绩效影响因素的实证研究——基于个性特征和机构因素的差异分析 [J]. 高教探索，2011（1）：129－136.

　　[10] 谷志远. 我国学术职业流动影响因素的实证研究——基于"学术职业的变革－中国大陆"问卷调查 [J]. 清华大学教育研究，2010（3）：73－79，89.

　　[11] 郭丽君，吴庆华. 地方高校青年教师发展需求探析 [J]. 现代大学教育，2013（5）：106－111.

　　[12] 杭慧. 高校青年教师科研能力培养问题研究 [J]. 中国成人教育，2013（19）：111－112.

　　[13] 黄玉幸. 产学合作绩效为导向的大学教师评鉴之评析 [J]. 台湾教育评论月刊，2015（9）：29－35.

　　[14] 贾永堂. 坚守还是弱化终身教职制度——美国高校教师聘任制改革动向 [J] 高等教育研究，2008（12）：92.

　　[15] 康晓伟. 大学教师学术创新力的内涵及其影响因素探

究——丁钢教授访谈录 [J]. 现代大学教育, 2012 (2): 34 - 39, 112.

[16] 林大森. 当今大学教师的政治、经济、社会地位解析: Weber 学派的观点 [J]. 台湾教育社会学研究, 2017, 17 (1): 1 - 42.

[17] 林曾. 从寒门走进象牙塔: 中美大学教授社会流动之比较研究 [J]. 中国高教研究, 2013 (9): 52 - 60.

[18] 林曾. 年龄与科研能力: 来自美国四年制大学理科教授的调查报告 [J]. 科学学研究, 2009 (8): 1154 - 1164.

[19] 刘鸿. 美国研究型大学青年教师发展有效导师制的文化分析 [J]. 比较教育研究, 2015 (6): 64 - 69.

[20] 刘瑞营. "互联网 +" 时代的教育信息技术与教育变革研讨会在华南师大举行 [J]. 中国科技产业, 2015 (6): 34.

[21] 卢乃桂, 李琳琳, 黎万红. 高校教师聘任制改革背景下学术工作的分层与分割 [J]. 高等教育研究, 2011 (7): 56 - 62.

[22] 缪榕楠. 从制度设计看美国大学终身教职制的理念基础 [J]. 现代大学教育, 2005 (5): 74 - 77.

[23] 缪亚军, 戚巍, 钟琪. 科学家学术年龄特征研究——基于学术生产力与影响力的二维视角 [J]. 科学学研究, 2013, 31 (2): 177 - 183.

[24] 牛风蕊. 我国高校教师职称制度的结构与历史变迁——基于历史制度主义的分析 [J]. 中国高教研究, 2012 (10): 71 - 75.

[25] 彭湃. 德国大学教师聘任制改革及其启示——以初级教授职位的引入为例 [J]. 高等教育, 2015 (6): 109.

[26] 钱军平. 制度夹缝中高校青年教师自我发展规划与突围 [J]. 现代教育管理, 2013 (10): 84-91.

[27] 乔雪峰. 夹缝生存: 高校青年教师学术困境与出路 [J]. 现代教育管理, 2013 (10): 92-96.

[28] 万正维, 王浩. 试论高校青年教师成长的影响因素及促进策略 [J]. 教育探索, 2013 (2): 97-98.

[29] 汪建华. 高校教师职称评聘现状分析与对策探究 [J]. 教师教育研究, 2013 (5): 18-22.

[30] 王变玲, 王秀梅. 中美高校教师评聘比较 [J]. 时代经贸 (下旬刊), 2008 (6): 74-75.

[31] 王艳艳. 高校青年教师学术发展的影响因素及对策 [J]. 继续教育研究, 2015 (9): 69-70.

[32] 王颖. 国外高校教师评聘机制的评析 [J]. 西南农业大学学报 (社会科学版), 2011 (2): 139-140.

[33] 吴庆华, 郭丽君. 从培训走向发展: 高校青年教师培养的转变 [J]. 高等工程教育研究, 2013 (4): 141-144.

[34] 熊华军, 刘兴华. 美国高校青年教师教学能力发展机制及其启示 [J]. 比较教育研究, 2015 (1): 62-67.

[35] 徐延宇. 美国高校教师发展浅析——以密歇根大学学习和教学研究中心为案例 [J]. 比较教育研究, 2011 (11): 82-84.

[36] 阎光才, 丁奇竹. 学术系统内部分化结构生成机制探究——基于学术人职业生涯过程中产出稳定性的分析 [J]. 高等教育研究, 2015 (2): 13-21.

[37] 阎光才, 牛梦虎. 学术活力与高校教师职业生涯发展的阶

段性特征［J］．高等教育研究，2014（10）：29－37．

　　［38］姚红玉．新教师专业发展的趋势与策略［J］．教师教育研究，2003（6）

　　［39］易帆．高校青年教师科研能力培养探索［J］．教育探索，2013（4）：87－88．

　　［40］余启名，张源泉．台湾之大学教师薪资制度评析［J］．教育资料集刊，2012．56．1－30．

　　［41］曾凡昭，李素芹．我国的学术评价体系与高校青年教师的学术生存［J］．三峡论坛（三峡文学．理论版），2011（1）：97－101，149．

　　［42］张安富，靳敏．高校青年教师队伍建设的系统思考［J］．中国大学教学，2015（3）：69．

　　［43］张蓓．高校青年教师创新活力影响因素实证分析——基于广东33所高校的调查数据［J］．教育发展研究，2014（3）：14－21．

　　［44］张焱．教学与科研：高校青年教师何去何从［J］．江苏高教，2013（3）：95－97．

　　［45］张应强．大学教师的社会角色及责任与使命［J］．清华大学教育研究，2009，30（1）：13

　　［46］赵红州．关于科学家社会年龄问题的研究［J］．自然辩证法通讯，1979（4）．

　　［47］赵庆昕，刘中平．高校教师专业技术职务评聘的路径选择［J］．社会科学战线，2011（10）：273－274．

　　［48］钟海燕，刘举．在科研与教学之间：试论高校青年教师的学术困境［J］．当代教育科学，2014（15）：28－31．

［49］周祝瑛. 台湾人文及社会科学领域学术研究评鉴指标问题［J］. 市北教育学刊，2014，（47）：1－14.

（3）学位论文

［1］杜海林. 我国高校教师职称评聘制度的历史沿革与对策研究［D］. 厦门：厦门大学，2007.

［2］李宜江. 青年教师学术与生活的历史境遇［D］. 上海：华东师范大学，2013.

［3］刘文胜. 高校青年教师学术生活研究［D］. 上海：华东师范大学，2006.

［4］徐美华. 我国高校教师职称评聘制度沿革分析［D］. 苏州：苏州大学，2008.

［5］颜佳. 制度视角：地方高校青年教师专业化发展的学校支持体系研究［D］. 桂林：广西师范大学，2011.

［6］赵志鲲. 高校教师职称评聘工作的管理特点与变革策略——基于A大学的个案研究［D］. 南京：南京师范大学，2004.

二、外文部分

［1］Cathy Ann Trower. Success onthe Tenure Track－Five Keys to Faculty Job Satisfaction［M］. Baltimore：The Johns Hopkins University Press，2012：148.

［2］潮木守一. 作为职业的大学教授［M］. 东京：中央公论新社，2009：10.

［3］克拉克·克尔. 大学的功用［M］. 陈学飞，等译. 南昌：江西教育出版社，1993：39.

[4] 有本章. 变换世界的大学教授职 [M]. 东京：玉川大学出版社，2011：337-338.

[5] 兹纳涅茨基. 知识人的社会角色 [M]. 郏斌祥，译. 南京：译林出版社，2000：92.

三、其他参考资料

[1] 中华人民共和国国家统计局. 国家数据 [EB/OL]. 中华人民共和国国家统计局，2016-07-05.

[2] 肖雨枫. 高校青年教师脚踏实地者居多：压力充分，队伍稳定 [N]. 中国社会科学报.2012-04-18.

[3] [美] 欧内斯特·L. 博耶. 学术水平反思——教授工作的重点 [C] //吕达，周满生. 当代外国教育改革名著文献（美国卷三）[C]. 北京：人民教育出版社，2004：18-24.

[4] 张于绅，王宣智. 稳定大学师资结构塑造创新研究环境 [EB/OL]. 科技政策观点网，2018-02-04.

[5] 张于绅. 我国学研人才未来变化之观察 [EB/OL]. 科技政策观点网，2018-02-04.

[6] 黄意植. 发挥学界创新能量：思考透过升等制度强化产学链结的可行方式 [EB/OL]. 科技政策观点网，2018-02-04.

[7] 陈达仁，耿筠. 大专校院产学合作评量之机制检讨与未来规划建议 [EB/OL]. 评鉴双月刊网，2018-02-04.

[8] 陈芳毓.10 年内 1/3 大学教授爆退休潮却苦聘不到新老师 [EB/OL]. 远见杂志网，2018-02-04.

[9] 汤凯杰，邱新怡. 大专院校教研人员产学合作行为初探

［EB/OL］. 科技政策观点网，2018 - 02 - 04.

［10］陈俊华. 教师限期升等成新进教授紧箍咒［EB/OL］. 台湾地区"中央"通讯社网，2018 - 02 - 04.

［11］李雪莉. 两万名"教授长工"的故事［EB/OL］. 天下杂志官网，2018 - 02 - 04.

［12］中华人民共和国教育部. 2012 年教育统计数据［EB/OL］. 中华人民共和国教育部官网，2014 - 10 - 01.

［13］360 百科. 关于德国［EB/OL］. 360 百科官网，2018 - 02 - 02.

致　谢

　　谨以此文衷心感谢一直以来关心北京化工大学高等教育研究所和国家素质教育基地发展的师长、领导、同事和朋友们！

　　衷心感谢尊敬的顾明远教授和周蕖教授！

　　衷心感谢北京化工大学文法学院、国家素质教育基地以及高教所的领导、同事们！衷心感谢北京化工大学教师发展中心主任耿海萍研究员！

　　衷心感谢荷兰的周航老师、日本名古屋大学教育发达研究科的西野节男教授和服部美奈教授、首都师范大学教育科学研究院沈蕾娜老师、温州大学教师教育学院副教授刘育光老师、中国计量大学张英英老师、浙江商业职业技术学院副教授杨金石老师的大力协助！

　　同时，也衷心感谢高教所及文法学院公共管理系的学生们：公共管理专业2014级硕士研究生贾永芳、刘净净、汤银珍，公共管理专业2017级硕士研究生杨琳、华飞扬。

　　同时也要衷心感谢张金良老师的热心帮助！在此一并致以谢忱！

北京化工大学高等教育研究所　于颖

2019 年 3 月 20 日